*Eclesiologia contemporânea:
construindo igrejas bíblicas*

O selo DIALÓGICA da Editora InterSaberes faz referência às publicações que privilegiam uma linguagem na qual o autor dialoga com o leitor por meio de recursos textuais e visuais, o que torna o conteúdo muito mais dinâmico. São livros que criam um ambiente de interação com o leitor – seu universo cultural, social e de elaboração de conhecimentos –, possibilitando um real processo de interlocução para que a comunicação se efetive.

Josimaber Rezende

Eclesiologia contemporânea: construindo igrejas bíblicas

Rua Clara Vendramin, 58 . Mossunguê
CEP 81200-170 . Curitiba . PR . Brasil
Fone: (41) 2106-4170
www.intersaberes.com
editora@editoraintersaberes.com.br

Conselho editorial
Dr. Ivo José Both (presidente)
Drª Elena Godoy
Dr. Nelson Luís Dias
Dr. Neri dos Santos
Dr. Ulf Gregor Baranow

Editora-chefe
Lindsay Azambuja

Supervisora editorial
Ariadne Nunes Wenger

Analista editorial
Ariel Martins

Preparação de originais
BELAPROSA

Capa
Charles L. da Silva (design)
Fotolia (imagem de fundo)

Projeto gráfico
Charles L. da Silva

Iconografia
Vanessa Plugiti Pereira

Dados Internacionais de Catalogação na Publicação (CIP)
(Câmara Brasileira do Livro, SP, Brasil)

Rezende, Josimaber
　Eclesiologia contemporânea: construindo igrejas bíblicas/Josimaber Rezende. Curitiba: InterSaberes, 2016. (Série Conhecimentos em Teologia)

　Bibliografia.
　ISBN 978-85-5972-048-8

　1. Bíblia. – A.T. – Eclesiastes 2. Cristianismo 3. Igreja – Ensino bíblico 4. Teologia pastoral I. Título. II. Série.

16-02395　　　　　　　　　　　　　　　　CDD-262

Índices para catálogo sistemático:
1. Igreja: Eclesiologia: Cristianismo　　262

1ª edição, 2016.
Foi feito o depósito legal.

Informamos que é de inteira responsabilidade do autor a emissão de conceitos.

Nenhuma parte desta publicação poderá ser reproduzida por qualquer meio ou forma sem a prévia autorização da Editora InterSaberes.

A violação dos direitos autorais é crime estabelecido na Lei n. 9.610/1998 e punido pelo art. 184 do Código Penal.

sumário

11	*agradecimentos*
15	*apresentação*

capítulo um
19 **Introdução à eclesiologia contemporânea**
21 1.1 Definições básicas sobre eclesiologia
23 1.2 Terminologia bíblica
24 1.3 Panorama da eclesiologia contemporânea

capítulo dois
31 **A igreja evangélica do século XXI**
33 2.1 As implicações dos modernismos e pós-
-modernismos para a igreja evangélica do século XXI
38 2.2 A origem do termo *pós-moderno*
39 2.3 As ramificações da igreja evangélica do século XXI
54 2.4 A igreja pós-protestante

capítulo três

61 A igreja missional

63 3.1 Definição de *igreja missional*

64 3.2 Características da igreja missional

64 3.3 Objetivos da igreja missional

73 3.4 A prática missional

capítulo quatro

83 A igreja emergente

85 4.1 Definição de *igreja emergente*

87 4.2 Questionamentos da igreja emergente

88 4.3 Características da igreja emergente

90 4.4 Objetivos da igreja emergente

91 4.5 O movimento missional e suas implicações

92 4.6 Formas de funcionamento da igreja emergente

95 4.7 Consequências das práticas de uma igreja emergente

98 4.8 O que a igreja emergente não é?

100 4.9 Pontos fortes do movimento emergente

102 4.10 Fragilidades do movimento emergente

103 4.11 As quatro vertentes da igreja emergente

106 4.12 A igreja pós-protestante ou pró-testemunhal e o simplismo pragmático

107 4.13 A igreja pós-protestante ou pró-testemunhal e o mundo pós-moderno

110 4.14 Os opositores da igreja emergente

capítulo cinco

119 A igreja orgânica

121 5.1 Igreja orgânica e movimento emergente

122 5.2 Características da igreja orgânica

126   5.3 Os objetivos da igreja orgânica

127   5.4 Igreja institucional *versus* igreja orgânica

131   5.5 O que não é uma igreja orgânica?

capítulo seis

141   A igreja evangélica brasileira

143   6.1 A influência da igreja norte-americana sobre a igreja brasileira

144   6.2 A igreja brasileira na visão de Ricardo Agreste da Silva

145   6.3 A igreja brasileira na visão de Carlito M. Paes

147   6.4 A igreja brasileira na visão de Marcílio de Oliveira Filho

148   6.5 A igreja brasileira na visão de Ariovaldo Ramos

149   6.6 A *Missio Dei* no contexto brasileiro

151   6.7 A igreja como agente de transformação e crescimento

154   6.8 *Mission station* e *people movement*

capítulo sete

167   As novas configurações de igreja

169   7.1 A configuração *multi-site church*

173   7.2 A configuração *campus* ou *campi*

176   7.3 A configuração satélite ou polo

capítulo oito

183   Os paradigmas da igreja contemporânea

187   8.1 Descobrindo as áreas fortes e os limites da igreja

188   8.2 Transformando obstáculos em oportunidades

190   8.3 Atualizando o sistema operacional da igreja

192   8.4 Aspectos práticos da metodologia da administração

193   8.5 Igreja, comunicação e imprensa

200   8.6 A interdenominalização das igrejas

202   8.7 A tríade *culto-crianças-estrutura*

capítulo nove

211 O culto contemporâneo

213 9.1 Como criar um ambiente de culto inspirador

215 9.2 O cuidado com a música

220 9.3 O cuidado com a mensagem

223 9.4 O cuidado com o evangelismo

225 9.5 O cuidado com a abordagem

226 9.6 Culto contemporâneo *versus* pentecostalização do culto

231 *considerações finais*

235 *referências*

243 *bibliografia comentada*

249 *respostas*

255 *sobre o autor*

Aos colegas pastores brasileiros que decidiram sair da zona de conforto e se dispuseram a pagar um alto preço para construir, em suas igrejas locais, uma eclesiologia contemporânea e bíblica, capaz de alcançar não somente a atual geração, mas também as próximas.

agradecimentos

Agradeço a Deus, que, apesar de tudo, nunca deixou de acreditar em mim.

À minha esposa, Talita, que jamais deixarei de amar.

Aos nossos pequeninos, Felipe e Heitor, que já são homenzinhos de valor.

Aos meus pais, Jonilto e Eva, que me orientaram a andar pela estrada que leva ao destino certo.

Aos líderes da Comunidade Batista de Curitiba, que junto comigo têm pago um alto preço para construir uma igreja bíblica e contemporânea. Trabalhar com pessoas das quais gostamos é uma dádiva divina.

Ao prof. Dr. Cícero Bezerra, que confiou a mim a tarefa de escrever este livro. Não fosse a sua confiança, esta obra, provavelmente, não existiria.

Grandes igrejas são construídas a partir de pequenos líderes.
Josué Campanhã, 2011.

apresentação

Esta obra é resultado de meu engajamento e de minha constante preocupação em pesquisar a respeito de igrejas contemporâneas bíblicas e eficazes.

A presente obra traz a você, leitor, temas relevantes para a igreja da atualidade e visa, principalmente, colaborar para uma melhor compreensão de como a eclesiologia acontece em nosso tempo e como ela pode ser praticada de maneira bíblica e, ao mesmo tempo, contemporânea.

Com essa expectativa, o conteúdo deste livro traz, em seu Capítulo 1, uma introdução geral ao tema da eclesiologia contemporânea, com a definição do foco do estudo, os principais conceitos utilizados na atualidade e também um breve panorama da eclesiologia contemporânea no Brasil.

No Capítulo 2, tratamos da igreja evangélica do século XXI e sua forma de se relacionar com o pensamento das pessoas modernistas e pós-modernistas. Também são apresentados neste capítulo os conceitos de *Igreja Tradicional*, *Igreja Puritana* ou *Neo-Ortodoxa*, *Igreja Pentecostal* ou *Neopentecostal* e *Igreja Pós-Protestante*.

No Capítulo 3, há uma exposição sobre a igreja missional, bem como suas definições, seus objetivos e suas características. O Capítulo 4 é dedicado à igreja emergente, debatendo as novidades que surgiram dessa conceituação e, dada a complexidade desse tema, apresentamos – com maior riqueza de detalhes – desde a definição de *igreja emergente*, suas características e particularidades, como a caracterização do movimento, as vertentes pelas quais ela se deriva e até mesmo as posições contrárias a este tipo de igreja.

O Capítulo 5 visa definir *igreja orgânica* e discutir sua ligação com o movimento emergente. Nesse capítulo, também apresentamos as características, os objetivos e os desafios da igreja missional neste tempo em que vivemos.

O Capítulo 6 trata da igreja evangélica brasileira na atualidade, desde as influências que ela sofreu e sofre do pentecostalismo norte-americano e as visões dos teóricos nacionais sobre o assunto.

Posteriormente, o Capítulo 7 trata das novas configurações de igreja na atualidade, como as configurações *multi-site*, *campus* e a baseada em satélites ou polos. No Capítulo 8, abordamos os paradigmas da igreja contemporânea e seus aspectos principais.

Por último, mas não menos importante, o Capítulo 9 discorre sobre a forma contemporânea de se realizar os cultos e a preocupação que líderes e pastores devem ter em criar um ambiente de culto inspirador, sem necessariamente levar a forma litúrgica da Igreja a um formato exageradamente pentecostal, à exceção das denominações que já dispõem dessa característica.

Nosso desejo é que a presente obra possa contribuir como subsídio para que líderes eclesiásticos, estudantes e admiradores da Igreja venham a desenvolver, dentro de suas comunidades locais, igrejas que sejam efetivamente bíblicas e, ao mesmo tempo, contemporâneas.

Desejamos uma ótima leitura!

Josimaber Rezende

Curitiba, 2016.

Introdução à eclesiologia contemporânea[1]

---

[1] Todas as passagens bíblicas indicadas neste capítulo são citações de Bíblia (2002).

A escassez de livros e de materiais formais e oficiais sobre a eclesiologia contemporânea torna a escrita de um livro como este um grande desafio. Existe muito conteúdo publicado a respeito da Igreja, da eclesiologia formal, da história da Igreja e de como ela se desenvolveu ao longo do tempo. No entanto, não há quase nada escrito sobre uma eclesiologia contemporânea que abranja todas as questões eclesiológicas de nosso tempo.

A forma como se deve praticar a eclesiologia no dia a dia tem sido discutida no interior das igrejas por seus membros e líderes, bem como por pastores, professores e pesquisadores da área bíblico-teológica em congressos, ambientes acadêmicos e fóruns. Mas a verdade é que o grande diálogo existente entre todas essas pessoas não tem sido suficiente para formular um conceito abrangente a eclesiologia dos nossos dias.

Assim posta a questão, é de extrema importância estudarmos com seriedade a eclesiologia nas mais variadas igrejas e nos mais diferentes ambientes denominacionais[2], bem como nos mais diversos locais do mundo, para que possamos aplicar, dentro de nossas igrejas locais, o que existe de melhor para elas neste momento da história.

Acreditamos que Deus serve-se das pessoas. Assim, cremos que ele as empregou para trazer a Igreja até o presente momento. Também entendemos que Deus, em nosso tempo, é capaz de nos empregar como instrumentos da sua vontade para que, como igreja de Jesus, possamos causar um impacto cada vez maior e mais positivo na sociedade em que estamos inseridos.

Este é um dos objetivos práticos do cristianismo: transformar as pessoas para melhor.

É por isso que esperamos que o conteúdo deste livro possa ser relevante a você, leitor, e pedimos a Deus que possamos, a cada dia que passa, nos comprometer mais e mais com uma eclesiologia capaz de causar uma transformação do mundo. Afinal, este é um dos objetivos práticos do cristianismo: transformar as pessoas para melhor.

1.1 Definições básicas sobre eclesiologia

A palavra *eclesiologia* origina-se da junção das palavras gregas *ekklesia* e *logos*. **Ekklesia** significa "assembleia dos chamados para

---
2   Ambiente denominacional é aquele em que ocorrem as múltiplas linhas e denominações de igrejas heterogêneas no interior da religião cristã.

Introdução à eclesiologia contemporânea

fora" ou "ajuntamento de pessoas chamadas para fora". Já a palavra *logos* significa "a palavra escrita ou falada" ou "o verbo". Alguns também traduzem *logos* como "estudo", "razão", uma espécie de capacidade de racionalização individual (Martins, 2012).

Eclesiologia, portanto, vem a ser o estudo sistematizado da natureza, das características e dos propósitos da Igreja. No Novo Testamento, essa palavra ocorre 114 vezes, tamanha sua importância no primeiro século do cristianismo.

O professor Jaziel Guerreiro Martins[3] traz uma exposição muito didática a respeito da definição do termo *igreja*. Ele diz:

> *O termo "igreja" vem da palavra grega ekklesia, originária do verbo kalein, que significa chamar. Entre os gregos, esse termo se referia a uma assembleia do povo convocada regularmente para algum lugar público, com o objetivo de deliberar sobre algum assunto. Ekklesia significa assembleia, congregação, mas os gregos não davam sentido à palavra.*
> (Martins, 2012, p. 5)

Em termos acadêmicos, a eclesiologia pode ser entendida como o ramo da teologia que estuda a doutrina da Igreja. Dentro desse conceito, a eclesiologia estuda o papel da igreja na salvação do homem e a forma como ele se relaciona com o mundo, exercendo seu papel social frente às mudanças constantes. A eclesiologia também estuda a relação entre as denominações e as diversas formas de governo da Igreja.

---

3 **Jaziel Guerreiro Martins** é graduado em Teologia pela Faculdade Teológica Batista do Paraná, mestre em Teologia pela Universidade de Birmingham (Inglaterra) e doutor em Ciências da Religião pela Universidade Metodista de São Paulo. Atua como professor desde 1987, lecionando nas disciplinas de Teologia, História Eclesiástica, Novo Testamento e História das Religiões. Além de docente, tem se dedicado a escrever várias obras e diversos artigos teológicos.

O autor Ralph Webster Neighbour Junior[4] define *igreja* como uma comunidade formada e batizada pelo Espírito Santo, na qual todos os membros são conduzidos pelo Cristo que neles habita. Para ele, é esse Cristo que edifica e revela sua presença, seu poder e seus propósitos aos membros da igreja (Neighbour Junior, 2009).

1.2 Terminologia bíblica

No Novo Testamento, a palavra *igreja* pode ter dois sentidos diferentes. Em primeiro lugar, ela pode significar a reunião de todos os crentes em Cristo em todas as épocas e em todos os lugares – o que é chamado *igreja universal*. Esse conceito pode ser observado nas palavras de Jesus, transcritas pelo evangelista Mateus (Mateus, 16: 18), em que vemos Jesus apontando que construirá a sua igreja, o Corpo de Cristo.

Em segundo lugar, *igreja* pode significar um grupo de crentes de uma comunidade local, de uma comunidade geográfica, chamada *igreja local*. Parece-nos que a maior parte das citações desse termo existentes no Novo Testamento denotam esse sentido. O apóstolo Paulo costumeiramente usa essa ideia em diversos de seus textos (I Coríntios, 1: 2; I Tessalonicenses, 1: 1).

A Bíblia traz vários nomes relativos à Igreja. No Novo Testamento, ela também é chamada de *Corpo de Cristo, templo do Espírito Santo,*

---

4   **Ralph Webster Neighbour Junior** é autor de diversos livros e manuais de capacitação associados ao movimento Igrejas em Células. Há 43 anos tem se envolvido em prover liderança a pastores e igrejas na transição de igrejas tradicionais para autênticas comunidades dirigidas por Jesus Cristo. Ele é professor-assistente do *Golden Gate Baptist Theological Seminary*, no qual dirige o programa de doutorado. Neighbour ainda viaja pelo mundo inteiro, atuando como consultor.

Introdução à eclesiologia contemporânea

noiva de Cristo, povo de Deus, Jerusalém celestial, coluna e esteio da verdade, rebanho de Deus, vinha de Deus (Martins, 2012, p. 9-15.).

1.3 Panorama da eclesiologia contemporânea

Acreditamos que grande parte do que ocorre dentro de uma igreja, em nossos dias, é de característica **templocêntrica**[5]. Se isso for verdade, estimamos que apenas 15% do que se pratica dentro de uma igreja tem a ver com "sair do templo", o que assinala uma necessidade real de retorno às **origens eclesiológicas** dos tempos primitivos.

É por isso que o estudo da eclesiologia contemporânea não visa apenas obter o conhecimento da realidade atual, mas, principalmente, promover as mudanças necessárias para que a real e original eclesiologia volte a ser praticada na contemporaneidade. Um dos maiores desafios de líderes e de pastores cristãos é desenvolver, dentro de suas comunidades locais, uma igreja centrada e que seja capaz de praticar ministérios equilibrados e de acordo com os princípios bíblicos, o que não é algo fácil, dado o crescente pensamento pós-cristão que vem se instalando no contexto brasileiro.

É por isso que a eclesiologia contemporânea precisa buscar alternativas que visem influenciar a cultura pós-cristã, sem que se manipule o evangelho original de Jesus. Cabe à igreja da atualidade levantar questões e respondê-las à altura, de maneira que

---

5   O templocentrismo é o fechamento das atividades eclesiais dentro do templo físico, como se a igreja fosse apenas a construção.

Eclesiologia contemporânea: construindo igrejas bíblicas

o evangelho que ela apresenta seja centrado, capaz de atingir a cidade e gerar um movimento guiado pelo Espírito Santo de Deus.

Nesse sentido, o teólogo Jorge Henrique Barro[6] trata sobre a dificuldade que a igreja brasileira tem enfrentado ao interagir com as cidades e responder às grandes questões dos centros urbanos. Ele aponta que a missão da igreja está em perigo e precisa de uma nova reflexão:

> *A teoria e a prática de organização de comunidade parece precisar de reflexão e interação mais profunda com a igreja na cidade. Por outro lado, muitos esforços de evangelismo de massa na cidade estiveram cegos às questões sistêmicas da cidade e raramente buscaram uma transformação mais radical e holística das cidades onde os empreendimentos evangelísticos aconteceram.* (Barro, 2006, p. 12)

O desafio da igreja de nosso tempo é interagir com seu núcleo, formado por ministros e leigos, com os membros maduros e comprometidos, com a congregação em geral, com a multidão de frequentadores, com a comunidade e com os sem-igreja.

Parece-nos que o panorama da eclesiologia em nossos dias está, de fato, um pouco confuso e carece de um enfoque mais contextualizado. Cremos ser a solução desse problema olhar para Jesus e para suas formas de atuação, já que ele não tinha problemas em atrair as multidões e solucionar suas questões.

---

6   **Jorge Henrique Barro** é doutor e mestre em Teologia pelo Fuller Theological Seminary, na Califórnia (Estados Unidos). É bacharel em Teologia pelo Seminário Presbiteriano do Norte, em Recife (PE). Escreveu vários livros, dentre eles, destacamos: *Ações pastorais da igreja com a cidade, O pastor urbano* e *Uma igreja sem propósitos.* Atualmente, desenvolve pesquisa nas seguintes áreas: missão urbana, missões, Evangelho de São Lucas, Atos dos Apóstolos, crescimento da Igreja, eclesiologia, teologia latino-americana e teologia do ministério.

Introdução à eclesiologia contemporânea

Rick Warren[7] lembra que o desafio da igreja de nosso tempo é interagir com seu núcleo, formado por ministros e leigos; com os membros maduros e comprometidos, com a congregação em geral, com a multidão de frequentadores, com a comunidade, e com os sem-igreja (Warren, 2008).

Se, portanto, o panorama em que a Igreja se encontra não traz boas notícias para o momento, resta-nos olhar para Jesus, analisar seu exemplo ministerial e iniciar, de fato, uma tentativa de responder às grandes questões da cidade.

Síntese

A palavra *eclesiologia* vem de *ekklesia*, que significa "chamados para fora" ou "comunidade de pessoas chamadas para fora", e de *logos*, que vem a ser "razão, verbo, palavra escrita ou falada". A junção desses termos culmina na palavra *eclesiologia*, a qual é utilizada 114 vezes no Novo Testamento.

A eclesiologia estuda a doutrina da Igreja. Conceitualmente falando, o termo *igreja* apresenta dois significados bastante distintos: de igreja universal e de igreja local. A eclesiologia contemporânea precisa buscar alternativas que visem influenciar a cultura pós-cristã sem que se manipule o evangelho original de Jesus.

---

7   **Rick Warren** é conhecido como o líder espiritual mais influente na América. Ele é fundador da *Saddleback Church*, na Califórnia (Estados Unidos). A *Saddleback* é, atualmente, uma das maiores e mais reconhecidas igrejas do mundo. Warren também é fundador do *Purpose Driven Movement*, que, no Brasil, é conhecido como *Ministério Propósitos*. Warren dedica 90% dos lucros de seus livros a causas sociais.

Eclesiologia contemporânea: construindo igrejas bíblicas

Indicação cultural

A IGREJA EVANGÉLICA E A CULTURA AFRO-BRASILEIRA. Direção: Willamy
Tenório. Brasil: Aurélio Pereira, 2010. 15 min. Disponível em: <http://
www2.cultura.gov.br/nosnatela/author/willamyaraujo/#2>. Acesso
em: 3 abr. 2016.

Alguns filmes são muito importantes para que possamos conhecer
mais sobre a Igreja. A respeito da transformação social ocorrida
por meio da influência da cultura e da igreja evangélica, sugerimos
esta obra. O filme narra a mudança de um pai de família sem rumo,
que volta ao lar e ao convívio social, e sobre meninas de baixa renda
que se transformam em bailarinas de dança afro.

Atividades de autoavaliação

1. Marque a alternativa correta:
   a) O estudo da eclesiologia não é um assunto de grande
      relevância para a atualidade.
   b) A palavra *eclesiologia* não aparece em nenhum momento
      na Bíblia.
   c) *Ekklesia* significa "assembleia dos chamados para fora" ou
      "ajuntamento de pessoas chamadas para fora".
   d) Acredita-se que 85% do que ocorre dentro de uma igreja,
      em nossos dias, é de característica cristocêntrica.

2. Marque a alternativa correta:
   a) A palavra *igreja* sempre foi mais notada no Antigo
      Testamento do que no Novo Testamento.
   b) A eclesiologia contemporânea não tem como interesse
      levantar questões que visem tornar a igreja da atualidade
      mais eficaz.

Introdução à eclesiologia contemporânea

c) A eclesiologia estuda o papel da Igreja na salvação do homem e a forma de este se relacionar com o mundo, exercendo seu papel social ante as mudanças constantes.

d) A eclesiologia estuda apenas as diferenças existentes entre as igrejas evangélicas e a Igreja Católica Apostólica Romana.

3. Analise as proposições a seguir e, depois, assinale a alternativa correta:

   I) O estudo da eclesiologia não é capaz de trazer qualquer benefício para a igreja contemporânea.

   II) Um dos grandes desafios da liderança cristã é desenvolver, dentro de suas comunidades locais, uma igreja centrada.

   III) A eclesiologia contemporânea tenta buscar alternativas que visem influenciar a cultura pós-cristã sem que se manipule o evangelho original de Jesus.

   IV) O cenário da eclesiologia contemporânea está, de fato, um pouco equivocado e necessita de uma abordagem mais contextualizada.

   a) Apenas as proposições I, II e III estão corretas.
   b) Apenas as proposições I, II e IV estão corretas.
   c) Apenas as proposições II, III e IV estão corretas.
   d) Apenas as proposições I, III e IV estão corretas.

4. Analise as proposições a seguir e, depois, assinale a alternativa correta:

   I) A igreja não deve ter o interesse de interagir com a sociedade na qual está inserida.

   II) A palavra *igreja* pode significar "reunião de todos os crentes em Cristo em todas as épocas e em todos os lugares".

III) A palavra *igreja* pode significar "um grupo de crentes de uma comunidade local ou de uma comunidade geográfica".

IV) Um dos grandes desafios da igreja contemporânea é o de interagir com o núcleo da igreja.

a) Apenas as proposições I e II estão corretas.

b) Apenas as proposições II e IV estão corretas.

c) Apenas as proposições II e III estão corretas.

d) Apenas as proposições III e IV estão corretas.

5. Assinale a alternativa que **não** diz respeito aos vários nomes que o Novo Testamento utiliza para referir-se à *Igreja*:

a) Corpo de Cristo.

b) Templo do Espírito Santo.

c) Noiva de Cristo.

d) Templo de Pedro.

Atividades de aprendizagem

Questões para reflexão

1. Procure, no Novo Testamento, três passagens nas quais é possível encontrar um dos nomes dados à Igreja. Anote-as junto com as referências bíblicas.

2. Em sua opinião, quais são os maiores desafios eclesiológicos de nosso tempo?

Atividade aplicada: prática

Entreviste três pastores ou líderes de igrejas locais e pergunte a eles o que pensam sobre o panorama da Igreja na atualidade.

capítulo dois

A igreja evangélica do século XXI[1]

---

[1] Todas as passagens bíblicas indicadas neste capítulo são citações de Bíblia (2002).

Definir o que é a igreja evangélica brasileira no século XXI é algo bastante complexo. Primeiro porque a infinidade de denominações que existem e não param de crescer torna a igreja evangélica brasileira uma verdadeira colcha de retalhos, na qual cada igreja local possui características muito específicas, nem sempre repetidas em outras congregações locais de uma mesma denominação.

Segundo porque algumas pessoas acreditam erroneamente que a igreja evangélica do século XXI deve ser uma continuação do judaísmo existente nos tempos de Jesus, o que torna a tarefa de definição da *igreja contemporânea* algo ainda mais complexo. E, para complicar ainda mais as coisas, existem aqueles que confundem a Igreja de nosso tempo com o próprio Reino de Deus, o que também não é verdade.

Associada a todas essas dificuldades já colocadas anteriormente, ainda temos uma série de implicações oriundas dos modernismos e pós-modernismos[2] que afetam diretamente a cultura da igreja de nosso século e que, por vezes, torna ainda mais confuso o trabalho de conceituar o que vem a ser a igreja evangélica do século XXI.

É por essas e outras questões que, neste Capítulo, estudaremos como as culturas modernistas e pós-modernistas têm afetado a vida da Igreja atual. Também analisaremos a Igreja Tradicional, a Igreja Puritana (também conhecida por *Igreja Neo-Ortodoxa*), a Igreja Pentecostal, a Igreja Neopentecostal e a Igreja Pós-Protestante.

2.1 As implicações dos modernismos e pós--modernismos para a igreja evangélica do século XXI

A igreja evangélica do século XXI tem sido fortemente influenciada pela mentalidade modernista e, mais especificamente, pela mentalidade pós-modernista. Na verdade, a pós-modernidade foi gerada com base na modernidade. Logo, a modernidade é a "mãe" da pós-modernidade.

....

2   A **pós-modernidade** é o deslocamento da cultura moderna para a cultura pós-moderna. Via de regra, ele rejeita a mentalidade moderna. Socialmente, considera-se que o pós-modernismo seja fruto de uma tomada de consciência do ser humano, contrária à moderna, de que ele próprio pode causar sua destruição, seja pela bomba, seja pela poluição e desmatamento. Disso, brota um individualismo excessivo.

A igreja evangélica do século XXI

O pastor batista Isaltino Gomes Coelho Filho[3] ressalta que o pós-modernismo tem levado o crente a buscar o individualismo e a não se preocupar com as questões sociais (Coelho Filho, 2012). Para ele, a pós-modernidade influencia as pessoas – até mesmo as consideradas cristãs – a se preocuparem apenas com elas mesmas.

Ele fala o seguinte a respeito do assunto:

> *A pós-modernidade é uma atitude intelectual contemporânea que se expressa numa série de manifestações culturais que negam os ideais, princípios e valores que constituem o suporte da cultura ocidental moderna. Ela se choca com tudo aquilo que tem sido o sustentáculo da civilização ocidental. É um existencialismo mais agudo, mais cínico, mais cruel.* (Coelho Filho, 2012)

Grande parte dos estudiosos e pensadores atuais concorda que vivemos um tempo de transição jamais visto no mundo: a mudança da modernidade para a pós-modernidade. Estamos passando por uma turbulência gerada por um deslocamento cultural oriundo dessa mudança.

O teólogo Stanley J. Grenz[4] defende a tese de que o momento pelo qual passamos só pode ser comparado às transformações ocorridas na Idade Média, quando diversas inovações marcaram o nascimento da modernidade (Grenz, 2008). Nessa mesma direção,

---

3 **Isaltino Gomes Coelho Filho**, falecido em 2015, foi pastor batista e grande teólogo e exegeta, atuando nas cidades de Campinas (SP) e Macapá (AP). Era formado em Teologia, Filosofia, Psicologia e mestre em Educação e Teologia.

4 **Stanley J. Grenz** foi um renomado teólogo, acadêmico, escritor e pastor. Nasceu em 1950 e faleceu em 2005. Grenz cursou doutorado em Teologia pela Universidade de Ludwig-Maximilians, em Munique (Alemanha). Por muitos anos foi professor de Teologia e Ética na Faculdade Carey, em Vancouver (Canadá). Contribuiu para que pastores e líderes pudessem compreender melhor tanto a mente moderna quanto a pós-moderna e levou pessoas influentes a ter uma melhor compreensão da maneira como as pessoas veem o mundo.

Eclesiologia contemporânea: construindo igrejas bíblicas

o filósofo Diogenes Allen[5] afirma que estamos transicionando da Era Moderna para a Idade Pós-Moderna (Allen, 1989).

Entre os fatores que têm ajudado essa transição está a **globalização**, que tem facilitado o encontro de diferentes culturas e influenciado a sociedade global em vários aspectos. Coelho Filho (2012) faz uma excelente observação:

A rigor, a pós-modernidade é uma reação à modernidade. O milênio que esta anunciou não chegou. O crescimento econômico trouxe uma profunda crise existencial, por incrível que pareça. Mas é bíblico.

Em seguida, Coelho Filho relaciona a época pós-moderna à situação, vivida em Sodoma, pela narração da Bíblia: "Eis em que consistia a iniquidade de Sodoma, tua irmã: na voracidade com que comia o seu pão, na despreocupação tranquila com que ela e as suas filhas usufruíam os seus bens, enquanto não davam nenhum amparo ao pobre e ao indigente" (Ezequiel, 16: 49).

Além disso, outras implicações também têm influenciado a igreja evangélica do século XXI. O **relativismo**, por exemplo, tem trazido para dentro da igreja o conceito de que não existe verdade absoluta, tudo é relativo e nenhuma ideia pode ser entendida como categoricamente correta.

Questões antropocêntricas também afetam a eclesiologia contemporânea. Nesse sentido, alguns entendem que o **ser humano** deve sempre estar no centro do entendimento dos humanos e que tudo o que existe dentro do espaço universal deve ser avaliado de acordo

---

5   **Diogenes Allen** foi um filósofo e teólogo estadunidense que viveu entre 1932 e 2013. Ele serviu como professor no Seminário Teológico de Princeton (Estados Unidos) e atuou como sacerdote na Igreja Episcopal, assim como na Igreja Presbiteriana.

com sua relação com o ser humano. Segundo esse entendimento, tudo o que há no mundo deve existir para a satisfação humana.

Outro fator que tem influenciado a cultura da igreja é o **liberalismo teológico**, já que, em muitas igrejas da atualidade, não existe mais a ênfase na evangelização, o que tem contribuído para que essa questão se torne cada vez menos pregada nos púlpitos. Há quem diga que o liberalismo teológico tem ocorrido porque boa parte dos frequentadores de igrejas já nem possuem mais convicção de algumas verdades a respeito do evangelho.

Essa suspeita parece fazer algum sentido quando percebemos que muitos dos cristãos da atualidade têm se preocupado mais em ser grandes estudiosos da Bíblia e bons comentaristas bíblicos que em falar de Jesus abertamente para as pessoas. Assim, há muitas pessoas dentro das igrejas que não evangelizam praticamente ninguém, mas sempre estão dispostas a tecer opiniões e comentários sobre diversos assuntos, como se fossem grandes mestres da lei.

> *O evangelho pregado por Jesus era prático e aplicável à vida das pessoas, mas parece que o que vemos hoje, em muitos ambientes ditos cristãos, pouco tem a ver com o evangelho apresentado por Jesus Cristo.*

Ademais, ainda existe o fenômeno da **secularização**[6], que tem se tornado cada vez mais presente na mente das pessoas. Se, por um lado, o Brasil (dentro de um contexto ocidental) foi fortemente cristianizado nos últimos dois ou três séculos, por outro temos um grande número de cristãos que, apesar de conhecerem as verdades do evangelho, acabaram sendo formatados por uma cultura anticristã. Esta, por

---

6 **Secularização** é um fenômeno da sociedade que pode ser entendido, em sentido literal, como um processo pelo qual a religião deixa de ser o aspecto cultural agregador, transferindo para uma das outras atividades dessa mesma sociedade esse fator coercitivo e identificador. A secularização pode fazer com que a sociedade já não seja mais determinada pela religião.

Eclesiologia contemporânea: construindo igrejas bíblicas

sua vez, gerou cristãos que afirmam com seus lábios que creem na mensagem cristã, mas negam essa crença em suas atitudes diárias.

A secularização é tão presente no ambiente eclesial que as pessoas dizem acreditar que, quando morrerem, estarão ou com Jesus ou com o diabo. No entanto, o estilo de viver dessas pessoas dá a impressão de que não estão nem um pouco preocupadas com isso, já que pensam apenas no aqui e agora, preocupando-se mais com as questões materiais do que com as questões eternas e, por isso, a evangelização perde o sentido.

Somado a todas essas questões está o problema do **pluralismo religioso**. Especialmente no Brasil, que é um país em que não existe uma única religião, não há hegemonia religiosa. Sabemos que o fundamentalismo religioso ainda se faz presente em nosso país, mas a convivência entre diversas denominações tem se intensificado nas últimas décadas, fazendo com que diferentes grupos religiosos tenham de aprender a conviver entre si, mesmo conscientes de suas diferenças, propiciando o ecumenismo e o diálogo inter-religioso.

Em último lugar, está o **pragmatismo eclesiológico**, que também tem influenciado fortemente a igreja evangélica brasileira. Pastores adeptos do pragmatismo têm pregado apenas o que as pessoas querem ouvir, e não necessariamente o que elas necessitam ouvir. Obviamente, o evangelho pregado por Jesus era prático e aplicável à vida das pessoas, mas parece que o que vemos hoje, em muitos ambientes ditos cristãos, pouco tem a ver com o evangelho apresentado por Jesus Cristo.

A igreja evangélica do século XXI

2.2 A origem do termo *pós-moderno*

Nos idos de 1930, o termo *pós-moderno* foi utilizado pelas primeiras vezes. Naquela época, ele se referia a uma transição em andamento, em especial na área das artes, conforme explica Craig Van Gelder[7] (1991). No entanto, foi somente por volta de 1970 que o termo ganhou maior atenção. Sobre esse assunto, Grenz faz a seguinte observação:

> *Primeiramente, denotava um novo estilo de arquitetura. Em seguida, invadiu os círculos acadêmicos, primeiramente como um rótulo para as teorias expostas nos departamentos de Inglês e Filosofia das universidades. Por fim, tornou-se de uso público para designar um fenômeno cultural mais amplo.* (Grenz, 2008, p. 13)

É dessa maneira que podemos dizer que o pós-modernismo é o deslocamento da cultura moderna para a cultura pós-moderna, e isso implica principalmente uma rejeição da mentalidade moderna, marcada pela esperança no progresso humano sem limites, pela sociedade pós-moderna, em que se tem a consciência da possibilidade de destruição mundial. Mas devemos salientar que, para se entender a mente pós-moderna, é também necessário entender a

---

7 **Craig Van Gelder** é professor emérito da Missão Congregacional, pós-doutor em Educação pela Universidade do Texas (Arlington, Estados Unidos).

ótica da mente moderna. Como afirma Ed René Kivitz[8] (citado por McLaren, 2008, p. 13), "Todo ponto de vista é a vista de um ponto".

2.3 As ramificações da igreja evangélica do século XXI

A igreja evangélica brasileira do século XXI é dotada de uma **plurali-dade** ímpar. Ela apresenta várias diferenças entre os mais variados grupos e até mesmo diferenças dentro desses grupos. É por esse motivo que, a seguir, explanamos sobre as diferenças existentes entre os principais grupos evangélicos que compõem a igreja evangélica brasileira do século XXI.

2.3.1 A igreja evangélica tradicional histórica

A igreja evangélica tradicional é aquela composta por grupos como os luteranos, os congregacionais, os batistas, os presbiterianos, os anglicanos e os metodistas. Esses grupos formam o que se chama de *corrente tradicional histórica* ou *corrente religiosa histórica*. Alguns também os chamam de *protestantes históricos*, pois a maioria deles se originou durante ou logo após a Reforma Protestante[9].

---

8   **Ed René Kivitz** é teólogo, escritor e pastor sênior da Igreja Batista de Água Branca (SP). Mestre em Ciência das Religiões pela Universidade Metodista de São Paulo, é autor de diversos livros, entre eles *Talmidim, o passo a passo de Jesus*, *O livro mais mal-humorado da Bíblia*, *Vivendo com propósitos* e *Outra espiritualidade*.

9   A **Reforma Protestante** foi um movimento reformista cristão iniciado no século XVI por Martinho Lutero. Na ocasião, Lutero publicou, na porta da igreja do castelo de Wittenberg, as 95 teses de protesto contra diversos pontos da doutrina da Igreja Católica Romana.

A igreja evangélica do século XXI

Via de regra, os tradicionais costumam ser mais rígidos na interpretação das Sagradas Escrituras e tendem a dar maior ênfase ao ensino teológico, bem como ao trabalho social. Em geral, não se preocupam excessivamente com usos e costumes – por exemplo, o modo como as pessoas devem se vestir.

Igreja Congregacional

A Igreja Congregacional foi a primeira igreja totalmente brasileira, pois não teve suas raízes históricas no congregacionalismo britânico ou no norte-americano. Essa igreja foi fruto do trabalho missionário interdenominacional[10] iniciado em 1855 pelo médico escocês de origem presbiteriana Robert Reid Kalley, que também contou com o apoio de sua esposa, Sarah Poulton Kalley (Porto Filho, 1982). Essa foi a primeira denominação a não se sujeitar a uma convenção ou junta missionária estrangeira.

As igrejas locais dessa denominação são autônomas, mas mantêm-se ligadas entre si por meio de uma convenção. Desde sua fundação, essa denominação teve vários nomes até se definir com o nome atual.

Igreja Presbiteriana do Brasil

A Igreja Presbiteriana do Brasil teve sua origem no país em 1859, no Rio de Janeiro. Classificada como *protestante* e de orientação calvinista, ela foi fundada pelo reverendo Ashbel Green Simonton, um missionário estadunidense que chegou ao Brasil em 12 de agosto daquele mesmo ano.

---

10 *Interdenominacional* é aquilo que não distingue denominação de igrejas; o que não é exclusivo de uma igreja.

Os presbiterianos alcançaram sua autonomia no ano 1888, com a formação do seu primeiro Sínodo[11] Presbiteriano. Entre os anos de 1892 e 1903, essa igreja passou por uma profunda crise que abrangeu questões missionárias, de natureza educativa e maçônica, o que acabou culminando em uma separação que originou a Igreja Presbiteriana Independente (Matos, 2004).

Igreja Presbiteriana Independente do Brasil

A Igreja Presbiteriana Independente do Brasil, originária da Igreja Presbiteriana do Brasil, nasceu em 1903 e pode ser considerada uma igreja genuinamente brasileira porque, desde seu início, não teve nenhuma vinculação com igrejas estrangeiras. Em 1938, por ocasião da realização de seu sínodo, questões de natureza litúrgica e de costume eclesiástico fizeram com que também se originasse um grupo que se tornou conhecido como *Igreja Presbiteriana Conservadora* (Pereira, 1965).

É reconhecido como fundador dessa igreja o reverendo Eduardo Carlos Pereira. Os presbiterianos independentes são classificados como de natureza *reformada*, e de orientação calvinista. Sua estrutura política é democrática representativa e associada à Aliança Mundial das Igrejas Reformadas. Estima-se que, atualmente, a Igreja Presbiteriana Independente tenha 546 congregações e pouco mais de 85 mil membros espalhados pelo Brasil.

Igreja Presbiteriana Conservadora do Brasil

A Igreja Presbiteriana Conservadora do Brasil é um ramo da Igreja Presbiteriana e foi fundada em 1940 pelos membros da Liga

---

11 *Sínodo* é uma reunião convocada por alguma autoridade eclesiástica, sendo mais comum entre as igrejas cristãs.

A igreja evangélica do século XXI

Conservadora da Igreja Presbiteriana Independente. A igreja surgiu após dois anos de debates e discussões internas sobre questões doutrinárias.

Sua fundação se deu em virtude de a Segunda Igreja Presbiteriana Independente de São Paulo decidir se desligar da federação eclesiástica à qual pertencia. Uma das principais divergências doutrinárias discutidas na época dizia respeito à doutrina das "penas eternas" ou do "sofrimento eterno dos ímpios".

Hoje, a Igreja Presbiteriana Conservadora do Brasil conta com oito Presbitérios e dois sínodos. Também tem igrejas e congregações espalhadas em 12 estados brasileiros, sendo que o Estado de São Paulo é o que detém o maior número de igrejas (Igreja Presbiteriana Conservadora do Brasil, 2016).

Igreja Metodista

A primeira Conferência Anual Metodista aconteceu em 1886, quando o bispo John C. Granbery foi enviado às terras brasileiras pela Igreja Metodista Episcopal do Sul (Salvador, 1982). Essa foi a primeira denominação brasileira a se filiar ao Concílio Mundial de Igrejas, no ano 1942. Hoje, ela é uma das principais denominações históricas em nosso país.

De natureza protestante e orientação evangélica, os metodistas têm forma de governo episcopal e sua política é conexional, representativa e congregacional (Salvador, 1982). A Igreja Metodista é hoje o principal expoente do metodismo no Brasil.

Igreja Metodista Wesleyana

Embora, originalmente, a Igreja Metodista tenha nascido com características tradicionais, na atualidade existem diversas igrejas metodistas consideradas pentecostais. Entre essas, merece especial destaque a Igreja Metodista Wesleyana (Santos, 2014).

Criada na década de 1960 pelo bispo fluminense Gessé Teixeira de Carvalho, à época egresso da Igreja Metodista do Brasil (Santos, 2014), essa igreja se caracteriza como protestante e de orientação evangélica protestante, adepta do metodismo de John Wesley.

Igreja Batista

Os batistas são caracterizados pela autonomia de suas congregações locais, embora também se organizem em convenções, para fins de cooperação e unidade. A Convenção Batista Brasileira, primeira convenção batista do país, foi organizada em 24 de junho de 1907 na Primeira Igreja Batista da Bahia, localizada em Salvador.

Naquela ocasião, 43 delegados participaram da convenção e 43 igrejas foram representadas. Também nessa convenção foi aprovada a Constituição Provisória das Igrejas Batistas do Brasil. Via de regra, as igrejas batistas filiadas à Convenção Batista Brasileira são consideradas tradicionais (Pereira, 1979).

Igreja Batista Nacional

Por volta da década de 1960, com o advento do avivamento e da intensificação do pentecostalismo no Brasil, algumas igrejas filiadas à Convenção Batista Brasileira se desligaram dela para formarem a Convenção Batista Nacional (Santos, 2014), formada por igrejas consideradas pentecostais (Tognini; Almeida, 1993).

Embora hoje existam outras convenções batistas em terras brasileiras, as de maior expressão continuam sendo a Convenção Batista Brasileira e a Convenção Batista Nacional (Santos, 2014). Dentre as igrejas filiadas à Convenção Batista Nacional, destacamos a Igreja Batista da Lagoinha, com sede em Belo Horizonte e mantida por Márcio Valadão.

A igreja evangélica do século XXI

Igreja Evangélica de Confissão Luterana do Brasil
O primeiro sínodo luterano no Brasil foi o Sínodo Rio-Grandense, organizado em 1886. Desde então, outros sínodos autônomos vieram a surgir, como o Sínodo da Caixa de Deus (em 1905), o Sínodo Evangélico de Santa Catarina e Paraná (em 1911) e o Sínodo Brasil Central (em 1912). Em 1949, esses quatro sínodos acabaram se organizando na Federação Sinodal, formando o que chamamos hoje de *Igreja Luterana*.

Em 1954, a denominação adotou o nome de *Igreja Evangélica de Confissão Luterana do Brasil*. Hoje, a igreja conta com cerca de 243 mil membros e mais de 2 mil igrejas espalhadas pelo território brasileiro. Sua sede está na cidade de Porto Alegre, RS (Gertz, 2001).

Igreja Episcopal
A Igreja Episcopal surgiu oficialmente em 30 de maio de 1898, quando uma convocação de reunião definiu a relação formal existente entre a missão e a Igreja Episcopal dos Estados Unidos da América. Na ocasião, foi eleito o primeiro bispo residente da igreja brasileira, Lucien Lee Kinsolving.

A Igreja Episcopal do Brasil, hoje, é emancipada administrativamente da sua igreja-mãe e é formada pelo conjunto de igrejas protestantes de governo episcopal em comunhão com a igreja da Inglaterra e por igrejas que não fazem parte da Comunhão Anglicana, mas que se orientam pelo "*ethos* anglicano" (Kickofel, 1995).

2.3.2 A igreja tradicional conservadora

Entre as igrejas tradicionais conservadoras estão a Igreja Presbiteriana Conservadora do Brasil e a Igreja Batista Regular.

Via de regra, os tradicionais conservadores não aceitam músicas mais contemporâneas e, geralmente, aderem aos hinários tradicionais.

Algumas das igrejas tradicionais conservadoras também não veem com bons olhos a música *gospel* atual e não aceitam o uso de alguns instrumentos musicais, como a bateria, o contrabaixo e a guitarra (embora haja variação desse pensamento de uma igreja para outra). Um dos motivos de essas igrejas serem classificadas como *tradicionais* e *conservadoras* deve-se ao fato de elas não aceitarem interpretações liberais das Escrituras. Além disso, algumas delas acreditam que alguns dons – como o de falar em línguas – não se aplicam aos dias de hoje, já que o exercício desses dons estava limitado ao período apostólico (Swedberg, 2003). Muitos tradicionais conservadores também são enfáticos ao não aceitar membros ou pastores adeptos da maçonaria e não acatam líderes ou pastores que já tenham se divorciado e tenham se casado novamente após o divórcio.

2.3.3 A Igreja Puritana

A Igreja Puritana, também conhecida como *Igreja Neo-Ortodoxa* ou *Neopuritana*, diferencia-se dos tradicionais conservadores, dos evangelicais carismáticos e dos tradicionais históricos por uma série de particularidades. Em aspectos litúrgicos, os puritanos baseiam-se no *Diretório de culto público*, elaborado pela Assembleia de Westminster em 1644, e, por isso, têm um aspecto litúrgico bastante simples.

Costumeiramente, os neo-ortodoxos não observam as datas litúrgicas (como o Natal e a Páscoa) e não se preocupam com as vestes dos ministrantes, ao contrário de outros grupos religiosos que preferem ternos, togas ou roupas sociais para seus ministrantes.

No aspecto da adoração musical, os neopuritanos utilizam salmos metrificados e cantam de maneira congregacional. Via de regra, os puritanos não utilizam instrumentos musicais e, às vezes, utilizam apenas o saltério (Ryken, 2013).

A oração a Deus, na Igreja Puritana, é feita de maneira espontânea e realizada apenas pelos ministros oficiais e pelos homens que compõem a congregação. Um outro diferencial dos puritanos é a não utilização de credos, antífonas e respostos[12] durante as suas celebrações.

2.3.4 A Igreja Pentecostal

A Igreja Pentecostal teve seu início com o advento do reavivamento ocorrido nos Estados Unidos da América, entre os anos de 1906 e 1910 (Souza, 2004). Esse reavivamento se caracterizou por levar as pessoas a experiências como o batismo no Espírito Santo[13], fato que não foi visto com bons olhos por boa parte da liderança das igrejas às quais essas pessoas pertenciam (Souza, 2004).

Esse processo foi desencadeado pelo surgimento de uma separação entre muitas igrejas norte-americanas (Souza, 2004). Vários membros que tiveram experiências de reavivamento foram excluídos de suas comunidades locais e acabaram por iniciar outras

---

12 *Credos* são as antigas profissões de fé, como as dos católicos, nas quais se declaram os princípios aceitos por sua fé. *Antífonas* são versículos, em geral dos Salmos, cantados pelo celebrante e que podem ser repetidos pela assembleia. Já *respostos* são um tipo de oração que se faz em jogral, por uma ou mais vozes, com respostas do coro.

13 O batismo no Espírito Santo é um modo de manifestação do Espírito de Deus na vida do fiel. É a experiência que repete aquela dos discípulos no Pentecostes, quando o Espírito desceu sobre eles. As igrejas pentecostais creem que esse experiência pode ser repetida hoje, e uma das consequências é o que se chama "falar em línguas" e outros dons espirituais.

"comunidades locais", "assembleias locais" ou "assembleias de Deus" (Santos, 2014). Vale salientar que a utilização do termo *assembleias de Deus*, neste parágrafo, não diz respeito à denominação conhecida hoje por *Igreja Assembleia de Deus*, que é, na atualidade, a maior denominação evangélica brasileira.

As principais igrejas pentecostais que atuam no Brasil hoje são a Igreja Assembleia de Deus, fundada pelos missionários suecos Daniel Berg e Gunnar Vingren (em 1911), a Congregação Cristã no Brasil, fundada por Luigi Francescon (em 1910), a Igreja do Evangelho Quadrangular, fundada por Aimée Semple McPherson (em 1950), a Igreja Deus É Amor, fundada pelo missionário Davi Miranda (em 1962), e a Igreja O Brasil Para Cristo, fundada por Manoel de Melo (em 1955).

Congregação Cristã no Brasil

Embora algumas denominações evangélicas não considerem a Congregação Cristã no Brasil uma igreja – mas sim uma seita –, vamos tratá-la nesta obra como uma igreja. Ela foi fundada pelo italiano Luigi Francescon (Fernandes, 2006), que havia sido membro da Igreja Presbiteriana Italiana, mas acabou por aderir ao pentecostalismo em 1907. Em 1910, ele visitou o Brasil e iniciou as primeiras congregações da denominação em terras brasileiras (Fernandes, 2006).

A discussão a respeito de a Congregação Cristã no Brasil ser uma igreja ou uma seita se dá, entre outros motivos, pelo fato de ela parecer um movimento contraditório, pois demonstra um caráter sectarista e exclusivista de igreja, mas a maioria de suas doutrinas é pautada em versículos isolados da Bíblia, muitas vezes sem levar em conta o contexto em que foram escritos, ocasionando uma má interpretação dos textos bíblicos. Ademais, a Congregação Cristã no Brasil também vê as demais igrejas como seitas, e não como igrejas (Mendonça, 2008).

A igreja evangélica do século XXI

Igreja Evangélica Assembleia de Deus

A Igreja Evangélica Assembleia de Deus, considerada hoje a maior denominação evangélica do Brasil, foi fundada pelos suecos Daniel Berg e Gunnar Vingren. De origem batista, eles acabaram por aderir ao pentecostalismo no ano de 1909. Sentindo-se chamados a trabalhar no Brasil, eles aqui chegaram em 1910 (Daniel, 2004). A Assembleia de Deus é uma igreja cristã evangélica de orientação protestante pentecostal e funciona politicamente de maneira episcopal, presbiteriana e congregacional (Fernandes, 2006). Estima-se que, atualmente, ela tenha quase 300 mil congregações e mais de 12 milhões de membros somente no Brasil.

Igreja do Evangelho Quadrangular

Fundada nos Estados Unidos da América, a Igreja do Evangelho Quadrangular tem como fundadora a evangelista Aimée Semple McPherson (Fernandes, 2006). No Brasil, a primeira igreja dessa denominação foi fundada pelo missionário Harold Williams, em novembro de 1951, em São João da Boa Vista (Rosa, 1978).

A Igreja do Evangelho Quadrangular é considerada uma denominação cristã de linha evangélica pentecostal (Fernandes, 2006). Estima-se que a igreja possua hoje, só no Brasil, mais de 98 mil ministros, cerca de 3 milhões de membros e mais de 68 mil congregações.

Igreja Evangélica Pentecostal O Brasil para Cristo

A Igreja Evangélica Pentecostal O Brasil para Cristo foi fundada pelo missionário Manoel de Melo em 1956. Manoel havia sido evangelista pela Igreja Assembleia de Deus e pastor pela Igreja do Evangelho Quadrangular. Ele organizou a campanha O Brasil para Cristo, a qual deu origem à denominação.

Eclesiologia contemporânea: construindo igrejas bíblicas

A igreja tem sede na cidade de São Paulo e conta com cerca de 290 mil membros e 4 mil igrejas. Tem atuação em países como Portugal, Espanha, Estados Unidos, África do Sul, Angola, Moçambique, Uruguai, Paraguai, Argentina, México, Colômbia, Japão, Peru, Filipinas, Suíça e Bolívia (Fernandes, 2006).

Igreja Pentecostal Deus É Amor

Fundada pelo missionário David Miranda em 1962, a Igreja Pentecostal Deus É Amor surgiu no bairro de Vila Maria (São Paulo – SP), mas foi logo transferida para o centro da mesma cidade, na Praça João Mendes. Em 1979, a denominação comprou sua sede na Baixada do Glicério, onde construiu um grande templo, considerado na época o maior templo evangélico do Brasil, com capacidade para 10 mil pessoas (Fernandes, 2006).

Atualmente, após a morte de seu fundador, é presidida por Ereni de Oliveira Miranda, a viúva de David Miranda. Essa igreja é considerada uma denominação evangélica de origem brasileira, seu número de fiéis atual está estimado em 845 mil pessoas. Acredita-se que a igreja possua hoje mais de 22 mil igrejas espalhadas pelo Brasil, sendo a quarta maior em número de membros no ramo pentecostal brasileiro.

2.3.5 A Igreja Neopentecostal

Ser pentecostal significa ser um cristão que enfatiza o movimento de renovação dentro do cristianismo, o que implica desenvolver uma experiência direta e pessoal com Deus por meio do batismo no Espírito Santo. O termo *pentecostal* é derivado de *pentecostes*, palavra grega que descreve a festa judaica das semanas.

Os neopentecostais, também conhecidos como *pós-pentecostais* ou *isopentecostais*, tiveram sua origem em meados da década de 1960.

A igreja evangélica do século XXI

As igrejas neopentecostais são, em sua maioria, oriundas de igrejas pentecostais nascidas na época do reavivamento norte-americano, ou mesmo de igrejas tradicionais de linha histórica (Mariano, 2005).

Assim, os neopentecostais passaram a existir juntamente com os tradicionais e os pentecostais, ainda que sem possuir grande identificação com esses dois grupos. Atualmente, no Brasil, esse é o grupo que mais aparece na mídia e que mais cresce em virtude dessa maior exposição pública.

Dentre as igrejas neopentecostais que atuam no Brasil, destacam-se a Igreja de Vida Nova, fundada em 1960 por Walter McAlister; a Igreja Universal do Reino de Deus, fundada por Edir Macedo em 1977; a Igreja Internacional da Graça de Deus, fundada pelo concunhado de Edir Macedo, missionário Romildo R. Soares, em 1980; a Igreja Apostólica Renascer em Cristo, fundada pelo apóstolo Estevam Hernandes e sua esposa, bispa Sônia Hernandes, em 1985; a Igreja Sara Nossa Terra, fundada pelo bispo Robson Rodovalho, em 1980; e a Igreja Mundial do Poder de Deus, fundada pelo apóstolo Waldomiro Santiago, dissidente da Igreja Universal do Reino de Deus, em 1998.

Igreja de Vida Nova

A Igreja de Vida Nova é, segundo o teólogo e escritor Wander de Lara Proença[14], a primeira igreja neopentecostal brasileira (Proença,

---

14 **Wander de Lara Proença** é graduado em história pela Universidade Estadual de Londrina (UEL) e especialista em Liderança e Administração pela Faculdade Teológica Sul-Americana. É mestre em História Social pela Universidade Estadual de Maringá (UEM) e doutor em História Social pela Universidade Estadual Paulista (Unesp). Atuou como professor e coordenador dos cursos de graduação e extensão da Faculdade Teológica Sul-Americana e como professor das disciplinas de História Moderna e Contemporânea na UEL. Proença tem publicações nas áreas de história cultural e movimentos religiosos contemporâneos.

2009). Ela foi fundada em 1960 pelo pastor canadense Walter Robert McAlister, no bairro de Botafogo, na cidade do Rio de Janeiro.

Apesar de não possuir, hoje, grande projeção nacional, a Igreja de Vida Nova desempenhou um importante papel no sentido de prover quadros de liderança de duas das maiores igrejas neopentecostais presentes no Brasil na atualidade (Proença, 2009), já que Edir Macedo e R. R. Soares foram membros da igreja nas décadas de 1960 e 1970. Atualmente, a Igreja de Vida Nova é liderada pelo filho de McAlister.

Igreja Universal do Reino de Deus

A Igreja Universal do Reino de Deus, hoje uma das mais midiáticas denominações presentes no Brasil, foi fundada por Edir Macedo. Macedo teve origem católica, mas, durante sua adolescência, frequentou a Igreja de Vida Nova, no Rio de Janeiro. Inicialmente, a Igreja Universal do Reino de Deus se chamava *Igreja da Bênção*, mas logo adquiriu seu nome atual.

O professor Wander de Lara Proença explica, de maneira muito elucidativa e didática, o surgimento da Igreja Universal do Reino de Deus:

> Em 1974, juntamente com R. R. Soares, Roberto Augusto Lopes e Samuel Fidélis Coutinho, Edir fundou a **Igreja Cruzada do Caminho Eterno**. Logo depois, com o seu cunhado R. R. Soares, foi consagrado pastor, sendo que Macedo passou a acumular também o cargo de tesoureiro da cruzada. Três anos depois, ocorreu uma cisão no grupo. Foi quando Macedo, após também pedir demissão de seu emprego na Loterj (Loteria do Rio de Janeiro), com o apoio de R. R. Soares e Augusto, fundou, em novembro de 1977, a **Igreja Universal do Reino de Deus**, que teve como a sua primeira sede as dependências de uma antiga funerária na cidade do Rio de Janeiro.

A igreja evangélica do século XXI

> No dia 24 de maio de 1992, o que parecia ser um grande obstáculo para a IURD foi, na verdade, um fator que sedimentou ainda mais a força aglutinadora do movimento. Na ocasião, Edir Macedo foi preso em São Paulo, acusado de charlatanismo, curandeirismo e estelionato. Doze dias depois, seria solto. (Proença, 2009, p. 41, grifo do original)

Atualmente, a Igreja Universal do Reino de Deus é a principal referência do neopentecostalismo brasileiro. Ela já ostenta o índice numérico de segunda maior denominação evangélica atuante no país, totalizando cerca de 3 milhões de fiéis e está presente em mais de 100 outros países.

Igreja Internacional da Graça de Deus

A Igreja Internacional da Graça de Deus foi fundada pelo concunhado de Edir Macedo, o missionário Romildo Ribeiro Soares, em 1980. Assim como a Igreja Universal do Reino de Deus, é uma das mais midiáticas denominações brasileiras.

É considerada uma igreja cristã evangélica neopentecostal e hoje está presente em 11 países além do Brasil. Atualmente, tem mais de 2 mil templos religiosos e sua sede está localizada na cidade de São Paulo (SP).

Igreja Apostólica Renascer em Cristo

A Igreja Apostólica Renascer em Cristo foi fundada pelo apóstolo Estevam Hernandes e por sua esposa, a bispa Sônia Hernandes, por volta de 1985. Considerada uma denominação neopentecostal, tem sua ênfase em ser uma igreja de milagres (Igreja Apostólica Renascer, 2015).

Na época de sua fundação, o apóstolo Hernandes havia sido convidado a se retirar, juntamente com sua família, da igreja da qual faziam parte. Assim, muitas pessoas desejaram acompanhá-lo, e ele começou a reunir um grupo em São Paulo.

Dentro de pouco tempo, o local ficou pequeno para acolher tanta gente e Hernandes decidiu alugar um salão maior no piso superior de uma antiga pizzaria, localizada no bairro de Vila Mariana, na capital paulista. A igreja, hoje, tem mais de 400 templos no Brasil e no exterior.

Igreja Sara Nossa Terra

A Igreja Sara Nossa Terra foi fundada pelo bispo Robson Rodovalho em 1980, mas sua história começou antes disso. Em meados de 1970, o jovem Rodovalho era aluno do curso de Física da Universidade Federal de Goiás (UFG), onde começou a reunir um grupo de jovens interessados em estudar as Escrituras.

O desenvolvimento desse grupo deu origem à Comunidade Evangélica de Goiânia. Em 1992, já casado com Maria Lúcia, Rodovalho deixou a docência na Universidade Federal de Goiás e foi residir em Brasília (DF), onde começou a estruturar algumas células eclesiásticas.

Em 1994, nascia a primeira Igreja Sara Nossa Terra na capital federal. Hoje, passados mais de 20 anos, a igreja está espalhada pelos quatro cantos do Brasil e também no exterior, como nos Estados Unidos e em países da América do Sul, Europa e África (Igreja Sara Nossa Terra, 2016).

Igreja Mundial do Poder de Deus

A Igreja Mundial do Poder de Deus foi fundada pelo dissidente da Igreja Universal do Reino de Deus, apóstolo Waldomiro Santiago, em 1998. É considerada uma congregação cristã neopentecostal.

Atualmente, a igreja está presente nos seguintes países: Brasil, Portugal, Espanha, Estados Unidos, África do Sul, Angola,

A igreja evangélica do século XXI

Moçambique, Uruguai, Paraguai, Argentina, México, Colômbia, Japão, Peru, Filipinas, Suíça e Bolívia. Sua sede está em São Paulo, onde tem um megatemplo capaz de abrigar milhares de pessoas (Igreja Mundial do Poder de Deus, 2016).

2.4 A igreja pós-protestante

A igreja pós-protestante ainda não pode ser claramente definida em uma ou mais denominações. O termo *pós-protestante* tem surgido por conta de pastores e líderes, via de regra de igrejas históricas, os quais, já há algum tempo, estão se declarando não evangélicos ou pós-protestantes.

O principal motivo de assim se declararem está no fato de que, até algumas décadas atrás, apenas os grupos históricos e pentecostais eram tidos como evangélicos. Hoje, os neopentecostais também são vistos da mesma forma, o que gera um desconforto por parte daqueles que se consideram evangélicos de linha mais tradicional ou pentecostal.

A ideia dos termos *pós-protestante* e *pós-evangélico* está em oferecer uma espécie de "reforma da reforma" ou uma "reforma dos evangélicos", tendo em vista diferenciar mais claramente as diferenças existentes entre os mais diversos grupos cristãos existentes no Brasil.

O pós-protestantismo diz respeito a um grupo de pastores e líderes de diversas denominações que buscam um espécie de "reforma dentro da reforma". Isso configura o retorno às bases do cristianismo original, praticado pelos primeiros cristãos e descrito no livro bíblico de Atos.

Síntese

Definir o significado de *igreja evangélica do século XXI* é uma tarefa difícil, dada a tamanha diferença entres os diversos e variados tipos, formas e estilos de igreja existentes na atualidade.

No entanto, o que é possível afirmar é que a igreja tem sido fortemente influenciada pela cultura modernista e, mais recentemente, pelo pensamento pós-modernista. Basicamente, a igreja de hoje se divide em cinco grandes grupos: a igreja tradicional, a Igreja Puritana, a igreja pentecostal, a igreja neopentecostal e a igreja pós-protestante.

Indicações culturais

ARMANDO Bispo e Walter McAlister: como a igreja pode sobreviver no século XXI. 30 jul. 2013. Disponível em: <https://www.youtube.com/watch?v=COLxRQYzAT0>. Acesso em: 3 abr. 2015.

Nesse vídeo, os pastores Armando Bispo e Walter McAlister falam sobre os desafios da igreja evangélica no século XXI.

CAPITAL da fé. Direção: Gabriel Santos. Brasil: Trinta e Cinco Pixels, 2013. 21 min.

Alguns vídeos são muito importantes para que possamos conhecer mais sobre a igreja evangélica do século XXI. Este trata das práticas de igrejas brasileiras de vertente neopentecostal, costumeiramente presentes na mídia nacional. É um debate sobre essa temática, sempre em evidência nos meios de comunicação, ilustrado com imagens do espetáculo da fé praticado por uma nova igreja evangélica e a cristianização inusitada de micaretas e esportes de combate corpo a corpo.

A igreja evangélica do século XXI

DIFERENÇAS entre as igrejas tradicionais, pentecostais e neopentecostais –
Augustus Nicodemus. Goiânia, GO: Primeira Igreja Presbiteriana de
Goiânia, 5 dez. 2011. 7 min. Disponível em: <https://www.youtube.
com/watch?v=Zz6snrn54Nw>. Acesso em: 3 abr. 2016.

Neste vídeo sobre as diferenças entre as igrejas evangélicas brasileiras, o professor Augustus Nicodemos explica, nesse vídeo, com muita eficácia, as disparidades entre três vertentes evangélicas presentes no Brasil: as Tradicionais, as Pentecostais e as Neo-Pentecostais.

MELO, E. W. B. de. **História da igreja 45/56**: os puritanos. 7 maio 2013.
Disponível em: <https://www.youtube.com/watch?v=0OPozYewRpM>.
Acesso em: 3 abr. 2016.

Esse vídeo pode nos auxiliar a entender melhor a diversidade da igreja evangélica brasileira do século XXI, ao contar a história da Igreja Puritana.

STAR Trek [Jornada nas Estrelas]. EUA: NBC, 8 set. 1966. Seriado de
televisão.

Alguns seriados são extraordinárias fontes para um melhor entendimento do pensamento moderno e pós-moderno. Esse seriado expressa algumas ideias sobre o pensamento pós-moderno. Assim como *Guerra nas Estrelas*, tornou-se um fenômeno mundial de cultura popular.

STAR Wars: Episode IV – a New Hope [Guerra nas estrelas: episódio IV –
uma nova esperança]. Direção: George Lucas. EUA: 20th Century Fox,
1977. 121 min.

Esse filme e suas sequências também expressam o pensamento pós-modernista e acabaram se tornando um fenômeno mundial de cultura popular.

Atividades de autoavaliação

1. Marque a alternativa correta:
   a) Embora existam muitas denominações na atualidade, as diferenças doutrinárias e teológicas existentes entre todas as igrejas é muito pequena.
   b) O pós-modernismo é o deslocamento da cultura moderna para a pós-moderna, e isso implica principalmente uma rejeição de aspectos da mentalidade moderna pela sociedade pós-moderna.
   c) A igreja evangélica do século XXI é apenas a continuação do judaísmo existente nos tempos de Jesus.
   d) A igreja evangélica do século XXI tem sido muito pouco influenciada pela mentalidade modernista e menos ainda pela mentalidade pós-modernista.

2. Marque a alternativa correta:
   a) A igreja evangélica tradicional é aquela composta por grupos como os luteranos, os batistas, os presbiterianos, os anglicanos e os metodistas.
   b) A Igreja Universal do Reino de Deus é considerada uma igreja tradicional e puritana.
   c) A maioria das igrejas pentecostais tiveram seu início com o advento da Reforma Protestante.
   d) A primeira Igreja Assembleia de Deus no Brasil foi implantada na cidade de Santa Bárbara d'Oeste (SP).

3. As proposições a seguir dizem respeito à igreja pós-protestante. Analise-as e, depois, assinale a alternativa correta.
   i) A igreja pós-protestante ainda não pode ser claramente definida como uma ou mais denominações.
   ii) O termo *pós-protestante* também é conhecido como *pós-moderno*.

A igreja evangélica do século XXI

III) O termo *pós-protestante* surgiu por causa de pastores e líderes, geralmente de igrejas históricas, que estavam há algum tempo se declarando não evangélicos ou pós-protestantes.

IV) Toda igreja que se declara emergente também pode ser considerada pós-protestante.

a) Apenas as proposições I e II estão corretas.
b) Apenas as proposições I e III estão corretas.
c) Apenas as proposições II e III estão corretas.
d) Apenas as proposições II e IV estão corretas.

4. Sobre a igreja neopentecostal, assinale a alternativa correta:
   a) A Igreja Batista é considerada neopentecostal.
   b) Os tradicionais derivaram dos pentecostais.
   c) A igreja neopentecostal teve sua origem em meados da década de 1960.
   d) A Igreja Presbiteriana é neopentecostal.

5. Sobre a igreja pentecostal, assinale **F** para falso ou **V** para verdadeiro e, depois, marque a alternativa que apresenta a sequência correta:

   ( ) A igreja pentecostal teve seu início com o advento do reavivamento ocorrido no Brasil, nas décadas de 1960 e 1970.
   ( ) A primeira igreja pentecostal brasileira foi a Igreja Luterana.
   ( ) A maior igreja pentecostal brasileira na atualidade é a Igreja Universal do Reino de Deus.
   ( ) O missionário David Miranda foi o fundador da Igreja O Brasil para Cristo.

   a) V, V, F, F.
   b) V, F, V, F.
   c) V, F, F, V.
   d) F, F, F, F.

Atividades de aprendizagem

Questões para reflexão

1. Reflita sobre o modernismo e o pós-modernismo e suas implicações para a igreja evangélica do século XXI.

2. O que é a igreja tradicional?

3. O que você entende por Igreja Puritana?

4. Explique a igreja neopentecostal.

5. Apresente as características da igreja pós-protestante.

Atividade aplicada: prática

Elabore um quadro comparativo que apresente as principais características de cada uma das ramificações da igreja evangélica brasileira abordadas neste Capítulo.

A igreja evangélica do século XXI

capítulo três

A igreja missional[1]

---

1 Todas as passagens bíblicas indicadas neste capítulo são citações de Bíblia (2002).

A **igreja missional**, também conhecida por *novo calvinismo*, é um movimento organizado por igrejas cristãs que procuram ser "os membros e tronco de Deus" aqui neste mundo. A ideia da igreja missional está em expandir o Reino de Deus aos povos. A igreja missional entende que a *Missio Dei* – ou seja, a missão de Deus na Terra – deve ser o eixo pelo qual todas as atividades da Igreja devem passar.

Segundo o escritor Brian D. McLaren[2], o ponto central da igreja missional é ser discípula e fazer discípulos de Jesus Cristo em uma

---

2 **Brian D. McLaren** é um dos principais defensores da igreja missional e emergente. É articulista da prestigiada revista *Leadership*, do grupo Christianity Today International. Além disso, é autor de diversos livros, entre eles *A mensagem secreta de Jesus, Uma ortodoxia generosa, Adventures in the Missing Point, More Ready than you Realize, Finding Faith: a Search for What Makes Sense*. McLaren foi citado pela revista *Time* como um dos 25 cristãos mais influentes dos Estados Unidos.

comunidade autêntica para o bem da humanidade. Para ele, a equação da igreja missional está em entender que o cristão não deve ser o beneficiário final do evangelho (McLaren, 2007). Na visão do autor, uma coisa é o cristianismo que as pessoas conhecem, outra coisa é o cristianismo missional.

3.1 Definição de *igreja missional*

Uma igreja missional, segundo o pastor Mark Driscoll, é aquela que se sustenta em quatro principais pilares: **teologia reformada**, **relacionamentos complementares**, **ministério acompanhado do Espírito Santo** e **prática missional** (citado por Nozima, 2011). Dentro do conceito de uma teologia reformada, as igrejas missionais são marcadas por uma pregação reformista, via de regra baseada nas cinco "*solas*" – *sola scriptura*, *sola gratia*, *sola fides*, *solus Christus*, *soli Deo gloria* (Farias, 2011), que veremos mais adiante.

A cosmovisão de uma igreja missional é reformada, constituída de um sistema integral de percepção do mundo, da vida e do pensamento. Essa forma de pensar acredita que o cristianismo deve ser articulado numa visão abrangente da realidade, que possa conduzir o homem à adoração e à submissão a Deus por meio da sua vida (essa tradição é oriunda dos tempos de Calvino e Agostinho).

As igrejas missionais acreditam que existe apenas um Deus Todo-Poderoso, que é totalmente soberano e bom em sua essência e tem um plano divino para a redenção do ser humano. O pensamento de Farias (2011) expressa muito bem a crença da igreja missional: Deus criou um mundo totalmente maravilhoso, mas que acabou sendo corrompido pela ganância do ser humano, que optou por seguir seus próprios caminhos e adquiriu, à medida que o tempo passava, uma perversidade má e duradoura.

3.2 Características da igreja missional

Uma das principais características da igreja missional é o profundo respeito por aquele que não crê no que a igreja crê. Nesse sentido, a igreja missional **não discrimina** aquele que não tem a mesma percepção que seus membros e frequentadores têm. Ela é compreensiva com os problemas que as pessoas porventura tenham com a instituição chamada *igreja*.

Uma igreja missional é marcada pelo diálogo com pessoas que a veem como um ambiente de hipocrisia e injustiça. Por isso, ela se dedica a interagir com essas pessoas por meio da pregação e da promoção de encontros em pequenos grupos. Via de regra, a linguagem utilizada por igrejas missionais não é carregada de jargões ou do "evangeliquês" característico de alguns grupos cristãos.

Por esse motivo, a tendência de uma igreja missional conseguir alcançar a credibilidade de uma pessoa avessa a uma cultura eclesiástica é maior. Essa pessoa pode compreender que os frequentadores de uma igreja missional são pessoas normais e que precisam viver inseridas no mundo como outra qualquer (Costa, 2012).

A ideia é que um não cristão, ao frequentar uma igreja missional, não se sinta como "um de fora", mas um igual, capaz de se sentir incluído e acolhido naquele ambiente sem constrangimentos.

3.3 Objetivos da igreja missional

A igreja missional tem por objetivo principal **contextualizar o evangelho de Jesus Cristo** às necessidades da **cultura** em que ela está inserida. Nesse sentido, a igreja missional deve cuidar para

Eclesiologia contemporânea: construindo igrejas bíblicas

não ser subcontextualizada ou supercontextualizada, porque o equilíbrio deve ser o ponto-chave de suas ações (Keller, 2014).

Uma igreja que se declara *missional* precisa desafiar as pessoas a andarem de acordo com a verdade e a vontade de Deus, mesmo que isso, de certa forma, tenha de ir na contramão da cultura local. Assim, quando falamos que a igreja missional deve estar atenta à cultura em que está inserida, isso não implica necessariamente aceitar aspectos pecaminosos dessa cultura.

Há aspectos culturais de um povo que precisam ser valorizados, pois fazem parte de sua história e não podem ser depreciados. No entanto, há valores culturais que não estão de acordo com os princípios bíblicos, sendo, inclusive, uma afronta à humanidade.

A Igreja Católica, por exemplo, tem como costume em suas ações missionárias transculturais se adaptar à cultura local e aceitá-la. Talvez nenhuma outra denominação na história teve tanta facilidade em aceitar e se aculturar aos povos que evangelizava. Mas não foi sempre dessa maneira que a Igreja Católica atuou. Uma análise da história da evangelização dos índios em terras brasileiras demonstra que, pelo menos naquele contexto, a Igreja não foi nem um pouco receptiva à aculturação.

É de se questionar, no entanto, se toda forma de cultura pode ser absorvida pela Igreja. Na América do Norte, especialmente nos Estados Unidos, e em alguns países europeus, é comum e aceitável que um cristão protestante fume. Alguns são até mesmo produtores e acionistas de grandes corporações ligadas à indústria tabagista. Mas a pergunta é: fumar é um aspecto cultural que está de acordo com os princípios cristãos?

O apóstolo Paulo (I Coríntios, 6: 19) diz que o corpo do cristão é templo do Espírito Santo e, por esse motivo, precisa ser cuidado de forma especial, pois o templo do Espírito Santo precisa ser valorizado. Ou seja, de certa forma, um cristão não poderia fumar porque estaria prejudicando o templo do Espírito. Interpretando esse texto frente a algumas posturas de pessoas cristãs, parece-nos que alguns costumes culturais se distanciam dos preceitos do Senhor, e é aqui que a igreja missional precisa exercer uma influência positiva no sentido de orientar as práticas dos fiéis.

No Brasil, por exemplo, discutimos muito a respeito da questão da bebida. Às vezes, dentro de uma comunidade local, existem pessoas que bebem álcool e outras que são abertamente contrárias a essa prática, o que nos leva a crer que essa é uma questão cultural que pode ser amplamente debatida segundo diversos textos e contextos bíblicos.

Uma igreja que se declara missional precisa desafiar as pessoas a andarem de acordo com a verdade e a vontade de Deus, mesmo que isso, de certa forma, tenha de ir na contramão da cultura local.

Se, por um lado, o apóstolo Paulo (Efésios, 5: 18) orienta aos cristãos que não se embriaguem com vinho, também existe o momento em que ele indica o uso do vinho para fins de saúde, como no momento em que ele orienta Timóteo, seu filho na fé, a fazer uso dessa bebida (I Timóteo, 5: 23).

Voltando um pouco na questão da aculturação missionária, temos hoje organizações que tentam impedir que cristãos atuem na evangelização dos povos indígenas, pois defendem que os cristãos injetam princípios religiosos que podem fazer com que os índios abandonem alguns de seus aspectos culturais. No entanto, há questões culturais praticadas por grupos indígenas que realmente precisam ser questionadas. Há grupos que costumam praticar o infanticídio e, há séculos, matam suas crianças quando nascem com problemas físicos ou alguma deformidade.

O carnaval é outro aspecto cultural que se faz presente no Brasil. A festa carnavalesca, essencialmente, talvez não tenha conotações que afrontam o cristianismo em si. O problema é que, na maioria das vezes, vemos no carnaval um forte apelo sensual que incentiva à prática de atos pecaminosos que, sem sombra de dúvidas, não estão em acordo com os princípios bíblicos. É aí que a igreja missional precisa não apenas se posicionar, mas também exercer sua influência cristã, pois isso também faz parte da sua missão.

É por tudo isso que a igreja missional tem por objetivo principal contextualizar o evangelho de Jesus Cristo às necessidades da cultura na qual ela está inserida. A igreja missional não precisa, necessariamente, subcontextualizar-se ou supercontextualizar-se. Ela precisa encontrar um ponto de equilíbrio que seja capaz de desafiar as pessoas de sua cultura a viver os princípios cristãos.

3.3.1 A igreja missional e o desafio eclesiástico

O autor Timothy Keller[3] (2014) aponta que uma igreja precisa ser instruída e orientada pelos princípios bíblicos. Em se tratando da igreja missional, parece ser este o seu maior estímulo: o de desafiar a sua cidade com a verdade do evangelho, o que vem a ser um propósito nada pequeno.

A igreja missional tem por responsabilidade atuar de forma equilibrada, não sendo crítica demais nem deixando de apontar o pecado, dosando de maneira cuidadosa a distância entre a graça de Deus e o pecado do ser humano.

O desafio de nosso tempo é confrontar os ouvintes e ministrar com coragem e confiança, pregando um evangelho único de maneira criativa e capaz de atingir o coração das pessoas. Nesse sentido,

---

3   **Timothy Keller** é fundador e pastor titular da Redeemer Presbyterian Church, em Nova Iorque (EUA). É autor de diversos livros, entre eles *A cruz do Rei*, *Justiça generosa*, *Como integrar fé e trabalho*, *O significado do casamento* e *O Deus pródigo*. Keller atua na rede **Redeemer City to City**, um projeto que possibilitou a criação de 200 igrejas em 35 cidades do mundo, e também é mentor de vários jovens e pastores de igrejas urbanas ao redor do mundo.

não basta pregar o evangelho. A maneira de fazê-lo precisa ser observada. Ele precisa ser compreendido pelas pessoas e levá-las a tomar uma decisão. A igreja deve, ao mesmo tempo, apoiar a cultura e confrontar a cultura anticristã.

Outro grande desafio da igreja missional é evitar o uso de termos costumeiramente utilizados no meio cristão, os quais, contudo, não fazem sentido para o público que não frequenta uma igreja. Há certas expressões, conhecidas como *evangeliquês*, que são comuns aos cristãos, especialmente os considerados evangélicos, mas que não são compreendidas pelas pessoas que não frequentam um ambiente cristão evangélico.

Uma igreja missional também tem como desafio valorizar a atuação profissional de seus membros e frequentadores, fazendo com que eles entendam que o exercício de suas profissões também é um chamado de Deus capaz de edificar a vida das pessoas, embora isso não queira dizer que a atuação do cristão dentro do ambiente eclesiástico não seja importante.

3.3.2 Igreja missional *versus* igreja minimalista

Há críticos – entre eles Jonathan Leeman – que sugerem que a igreja missional diminui Deus e que parece ser o Deus da igreja missional um Deus muito pequeno (Leeman, 2010). Essa ideia parte do pressuposto de que alguns escritores e líderes missionais interpretam o evangelho de uma maneira minimalista[4] e, até certo ponto, individualista, definindo-o como justificação somente pela fé e valorizando tanto a substituição penal como a salvação dos pecadores,

---

4   Consideramos minimalista a visão segundo a qual a religião se resume a simplesmente desfazer os efeitos da Queda, ou seja, apenas resolver problemas como doença, morte, pobreza etc.

sem se preocupar com as grandes questões que os seres humanos de nosso tempo enfrentam em seu dia a dia.

Por exemplo: algumas igrejas, na intenção de pregar a justificação pela fé, por vezes se esquecem de questões como justiça social, pobreza e desigualdade, ou mesmo de questões de natureza ambiental. Já em outras igrejas acontece exatamente o contrário: existe uma preocupação maciça em valorizar as questões da justiça social sob o título de estarem atuando em prol do evangelismo e do desenvolvimento missionário, e assim, por vezes, a igreja tem de se amoldar às exigências da sociedade na qual está inserida.

De fato, em alguns casos, pode parecer que o evangelho pregado por algumas igrejas seja realmente um evangelho pequeno face aos grandes desafios da humanidade. É por esse motivo que a igreja missional precisa dar uma resposta ou, pelo menos, oferecer determinadas soluções para problemas como a fome, a Aids, a violência, a discriminação racial, a dissolução da família e as catástrofes ecológicas. Na verdade, o verdadeiro evangelho não deve se preocupar apenas em gerenciar o pecado e oferecer uma solução a ele, mas também ser fonte de solução para os problemas sociais, haja vista que o evangelho de Jesus Cristo é, em si mesmo, de natureza transformadora.

Se, de um lado, a igreja missional precisa combater a propagação do liberalismo teológico, por outro também precisa desenvolver atitudes tais como as do bom samaritano, de forma a se compadecer dos necessitados sem negligenciar uma atitude acolhedora e cooperadora. A preocupação que a igreja deve ter é a de não incentivar uma visão minimalista de Deus, que valorize apenas as questões sociais e deixe de dar a devida importância à solução das transgressões pecaminosas do ser humano. Afinal de contas, se a Igreja trata de todas as questões humanas e deixa de oferecer uma solução para o distanciamento entre o ser humano e Deus, provocado pelo pecado, ela minimaliza sua atuação.

A igreja missional

3.3.3 A igreja missional e sua eficácia

As igrejas missionais respondem com muita eficácia ao desafio eclesiástico por não proporem um método, até porque muitas delas têm formas e liturgias bastante distintas. Algumas delas adotam posturas mais informais, enquanto outras são extremamente regradas na questão litúrgica. Há igrejas missionais que não recebem dízimos e outras que dão uma ênfase maior aos dons espirituais.

Sua proposta está em "plantar" igrejas que sigam o exemplo de Jesus Cristo e que preguem o evangelho tal qual faziam os apóstolos. Na prática, a igreja missional promove uma volta ao evangelho verdadeiro.

Os missionais propõem o retorno às práticas apostólicas e a transposição das barreiras que diferenciam as igrejas e as denominações. Eles desejam uma volta sincera e sem alarde àquilo que Jesus Cristo viveu, por meio da conscientização das igrejas locais. Não valorizam o discurso acadêmico, o qual, para muitos deles, é tido como "verborragia"; também não dão valor às discussões acadêmicas ou teológicas que acontecem nas faculdades ou nos meios de comunicação. Vale salientar que a opção da igreja missional de não focar no discurso acadêmico não indica que ela seja avessa a ele. A questão é que o enfoque de tal igreja não é esse.

A proposta da igreja missional é restaurar o espírito de serviço nas igrejas locais, fazendo-as "colocar a mão na massa" no sentido de contatar e se relacionar diariamente com os não cristãos, visando à sua conversão. O conceito da igreja missional é envolver-se com a sociedade e restaurá-la. Em suma, ela propõe um melhor caminho para a restauração do perdido (Stetzer, 2015).

3.3.4 O compromisso com a teologia reformada

As igrejas missionais se caracterizam por terem púlpitos reformados, nos quais as cinco *"solas"* são pregadas: somente a **escritura**, somente a **graça**, somente a **fé**, somente **Cristo** e somente **a Deus a glória**. Elas compartilham de uma visão reformada de que existe um Deus, que é Todo-Poderoso, totalmente bom na sua essência, e que tem cumprido seu plano de redenção.

Keller, ao tratar sobre esse assunto, diz o seguinte:

O ministério da igreja [...] não é subcontextualizado nem supercontextualizado à cidade e à cultura. Como a cidade tem potencial tanto para o desenvolvimento humano quanto para a idolatria humana, ministramos com equilíbrio, usando o evangelho para valorizar a cultura e também para desafiá-la a estar de acordo com a verdade de Deus.

Seja instruído e moldado por toda a Bíblia o tempo todo – aquelas partes que ofendem nossas sensibilidades culturais e pessoais e também as que nos são plausíveis e revigorantes.

Entenda que nenhuma verdade possa ser articulada de uma maneira que transcenda a cultura, a verdade transcende de fato a cultura.

Disponha-se a interagir com culturas diferentes para alcançar um cristianismo bíblico mais pleno. (Keller, 2014, p. 346-348)

Como vimos, a igreja missional também crê que Deus criou um mundo perfeito, o qual foi corrompido pela ganância do homem que, por sua vez, quis tornar-se como Deus. Ela também crê que Deus separou, dentre os humanos, um povo escolhido para preservar a terra e prestar adoração a Deus com excelência.

3.3.5 As práticas complementares

Igrejas missionais são igrejas que defendem uma visão de relacionamentos complementares. Nesse sentido, homens e mulheres podem exercer seus ministérios de pregação, de liderança ou de caráter disciplinar.

A proposta da igreja missional é a de ser uma igreja composta por ministérios integrativos, capazes de ter um equilíbrio entre as frentes ministeriais. Isso implica colocar as pessoas em contato com Deus, em contato umas com as outras, com a cidade e com a cultura da sociedade na qual estiverem inseridas.

3.3.6 O papel do Espírito Santo

Outra característica marcante no segmento missional é como ele vê a atuação do Espírito Santo na vida de igreja. Para a maioria dos missionais, a visão reformada que prega o recebimento do Espírito Santo no ato da conversão é um ponto pacífico.

No entanto, não é por isso que o Espírito Santo está impedido de atuar numa igreja missional, até porque a maioria das igrejas missionais incentivam o cristão a exercer seus dons espirituais: o dom de variedade de línguas, o de profecia, o de discernimento espiritual ou o de interpretação de línguas.

Devemos ressaltar que também existem algumas igrejas consideradas missionais que não dão liberdade para o exercício de alguns desses dons. No entanto, a visão da igreja missional é o de permitir o exercício deles, de maneira geral. A maioria das igrejas missionais acredita que os dons espirituais não cessaram após a morte dos apóstolos da igreja primitiva e, por isso, em sua maioria, são adeptas da liberdade de atuação do Espírito Santo em relação aos dons (Goheen, 2014).

3.4 A prática missional

Igrejas missionais vivem a prática missional. Isso significa que elas buscam o **envolvimento com a cultura** que as cerca, para redimi-la por meio de um envolvimento sociocultural, de uma postura missionária eficaz, de uma conscientização comunitária e de uma forma de evangelizar não proselitista[5].

Nesse sentido, a igreja missional não tem o intento de converter uma ou várias pessoas, já que sua causa maior é a relevância da Igreja de Cristo. A prática missional consiste na atração da comunidade cristã para a presença de Deus.

A ideia é que a igreja seja missionária na sua própria comunidade. Assim, cada membro de uma igreja missional é um missionário em seu ambiente de atuação. Para os missionais, o trabalho exercido por um membro junto ao meio no qual está inserido é tão importante quanto o trabalho de um missionário que se disponibiliza a levar o evangelho a lugares distantes.

Stetzer (2015) defende que a igreja missional estimula as pessoas a serem missionárias onde estão. Ele argumenta que, para isso, é preciso aprender e se adaptar à cultura local. Nessa mesma direção, Hirsch (2015) aponta que o trabalho missional não se restringe à igreja local, mas a toda a vida de um cristão. Vale ressaltar a ideia de White (2007), ao dizer que o verdadeiro discípulo de Jesus já nasce como um missionário. Sendo assim, a igreja jamais deveria ter perdido o seu lado missional, como afirma Stetzer (2015), porque ser missional já implica adotar um estilo de vida missionário. De fato, essa deve ser a prática missional, pois uma vida pautada na teologia missional deve ser uma vida de testemunho.

---

5   *Proselitismo religioso* é o intento ou o empenho ativista de converter um indivíduo ou um grupo a determinada causa, ideia ou religião.

A igreja missional

3.4.1 O envolvimento sociocultural

Para uma igreja missional, a **vida comunitária** é a única maneira de viver integralmente o evangelho de Jesus Cristo – e essa vida deve ser vivida dentro e fora da Igreja. Jesus, por exemplo, formou uma comunidade de discípulos que não se relacionavam apenas entre eles, mas também com a cultura do Império Romano da época, e isso fez com que o evangelho se expandisse por todo o Império.

Para uma igreja missional, a vida comunitária é a única maneira de viver integralmente o evangelho de Jesus Cristo – e essa vida deve ser vivida dentro e fora da igreja.

Na cultura missional, o Reino de Deus só pode ser vivido se o amor for praticado. E é por isso que a propagação do evangelho implica servir a comunidade externa de diversas maneiras, seja cedendo o espaço físico da igreja para atividades inerentes às necessidades da sociedade local, seja ajudando as pessoas em situação de vulnerabilidade e risco social, seja realizando trabalhos socioeducativos com as crianças da vizinhança da igreja local.

3.4.2 A postura missionária

Os membros de uma comunidade missional entendem que devem viver como missionários onde quer que estejam. Isso porque, como dissemos anteriormente, na cultura missional não existe diferença entre o santo e o profano. Assim, o cristão é chamado a viver o cristianismo em todas as esferas de sua vida e em todos os ambientes em que estiver presente.

Para os missionais, a vida espiritual do cristão deve se refletir em outras áreas da sua existência. Dessa forma, a vida espiritual não deve ser mística ou alienada, e sim simples e prática. A postura do cristão no ambiente de trabalho e no ambiente escolar deve ser condizente com as atitudes de Cristo, a fim de abrir portas para a evangelização.

A postura missionária de uma igreja missional tende a ser mais eficaz até mesmo com aquelas pessoas que, via de regra, são insensíveis à propagação do evangelho de Jesus Cristo. Ela também permite maior alcance das pessoas fora das quatro paredes.

3.4.3 A conscientização comunitária

Os membros de uma igreja missional objetivam conscientizar a sociedade de pontos importantes da vida em comunidade. Por exemplo: a educação, o trabalho digno e honesto, o envolvimento político e social do indivíduo e das organizações e a atuação social como ponte para evangelização das pessoas.

Dessa forma, o membro não se preocupa apenas com as questões internas da igreja, mas, principalmente, com sua atuação fora dela. Seu foco não deve estar nas reuniões que acontecem dentro da igreja, já que sua prioridade é alcançar os "sem igreja" ou os "desigrejados".

3.4.4 A evangelização não proselitista

Embora estejamos acostumados, em nossa nação, com uma evangelização proselitista, esse não é um ponto de convergência da igreja missional. A igreja não deve evangelizar as pessoas para que elas obedeçam ao pastor ou para que elas tenham todos os seus problemas resolvidos de uma hora para outra.

A igreja missional também não concorda com uma eclesiologia imperialista empresarial. Nesse sentido, as pessoas que dela participam não são constrangidas a falar, a aceitar um apelo ou a levantar

A igreja missional

a mão. A visão da igreja missional é de que cada pessoa viva o Reino de Deus e deixe o Espírito Santo fluir em sua vida.

Em suma, a igreja missional é uma igreja missionária, mas não proselitista, e essa forma de ser está emergindo na atualidade. Aliás, no próximo Capítulo, abordaremos o tema *igreja emergente*, que é também um tipo de igreja missional que vale a pena ser estudado com afinco.

Síntese

A igreja missional também é conhecida por alguns como *novo calvinismo*. A ideia da igreja missional está em expandir o Reino de Deus aos povos, e seu ponto central é ser discípula e fazer discípulos de Jesus Cristo em uma comunidade autêntica para o bem da humanidade.

Uma igreja missional se sustenta em quatro pilares, a saber: teologia reformada; relacionamentos complementares; ministério acompanhado do Espírito Santo; prática missional. A cosmovisão de uma igreja missional é reformada.

Uma igreja missional é caracterizada por um jeito simples de ser e pela valorização do conjunto de seus membros, com pessoas que não estão necessariamente acostumadas ao ambiente eclesiástico. Ela está constantemente preocupada em estimular que seus frequentadores se relacionem com as pessoas em seu ambiente de trabalho ou em outras situações para anunciarem o evangelho. Há igrejas missionais que costumam se reunir em grupos, mas nem sempre esse tipo de igreja tem programações em série ou mesmo uma grande estrutura física capaz de comportar multidões.

Eclesiologia contemporânea: construindo igrejas bíblicas

Ser missional significa eliminar a dicotomia existente entre evangelismo e ação, acabando com a barreira que há entre o que se faz na igreja e o que se faz no mundo, entre ministério e missão. Assim, não existe diferença entre o missionário e o campo missionário, pois todos os cristãos já são, por assim dizer, missionários.

Outra característica da igreja missional é a rejeição ao exclusivismo e ao universalismo. Nesse sentido, os missionais preferem criar a fé missional, que não rejeita nem supervaloriza os que estão dentro ou fora do contexto eclesiástico. Por outro lado, os missionais não concordam com o universalismo que, por vezes, diz que todos estão dentro da igreja, mas não resolve os problemas sociais. Para o missional, uma religião não deve trazer benefícios somente aos seus adeptos.

Indicações culturais

TIM Keller: características de uma igreja missional. 14 nov. 2012. 4 min 49 seg. Disponível em: <https://www.youtube.com/watch?v=UFNjDNDIe6o>. Acesso em: 3 abr. 2016.

Nesse vídeo, Timothy Keller fala sobre as principais particularidades da igreja missional.

CROCKER, G. **Desenvolvendo uma igreja missional**: "o modo de Jesus" – um modelo bíblico do desenvolvimento da igreja. 2010. Disponível em: <http://www.missionaleurasia.com/downloads/portuguese/TheJesusWay_Portuguese.pdf>. Acesso em: 3 abr. 2016.

Nesse artigo, Gustavo Crocker trata do modelo bíblico do desenvolvimento da igreja.

A IGREJA Missional na história bíblica : Missão o povo de Deus no Antigo Testamento. 30 out. 2013. Disponível em: <https://www.youtube.com/watch?v=ddIW0TgxRog>. Acesso em: 3 abr. 2016.

Sobre o engajamento na missão, algumas palestras podem nos auxiliar a melhor entender a igreja missional. Na palestra desse vídeo, Michael Gohen discorre sobre a missão e o povo de Deus no Antigo Testamento.

LEEMAN, J. **O Deus do evangelho missional não é um Deus muito pequeno?** 17 fev. 2010. Disponível em: <http://www.ministeriofiel.com.br/artigos/detalhes/348/O_Deus_do_Evangelho_Missional_nao_e_um_Deus_muito_pequeno>. Acesso em: 3 abr. 2016.

A leitura de artigos pode ser importante para um melhor entendimento do assunto. Esse artigo de Jonathan Leeman levanta a discussão sobre o evangelho missional ser ou não minimalista.

OS TRÊS tipos de igrejas. 1 out. 2013. Disponível em: <https://www.youtube.com/watch?v=gPwhQ47QB4o>. Acesso em: 3 abr. 2016.

Nesse vídeo, Ricardo Agreste da Silva fala sobre as diferenças entre a igreja hospital, a igreja empresa e a igreja missional.

VIDA missional, famílias missionais, igrejas missionais. 7 out. 2013. Disponível em: <https://www.youtube.com/watch?v=g0UwahtZzQY>. Acesso em: 3 abr. 2016.

Ryan King, nesse vídeo, fala sobre a vida de 100 famílias que foram enviadas a diversos lugares do mundo para plantarem igrejas missionais.

Atividades de autoavaliação

1. Marque a alternativa correta:
   a) A igreja missional, também conhecida por *novo arminianismo*, é um movimento desenvolvido por comunidades cristãs que procuram ser "os braços e as pernas de Deus" neste mundo.
   b) A ideia da igreja missional está em expandir o Reino de Deus especificamente aos povos transculturais.
   c) Brian D. McLaren é um dos grandes defensores do movimento missional.
   d) Donald Arthur Carson é um dos pioneiros da igreja missional.

2. Marque a alternativa correta:
   a) O ponto central da igreja missional é ser atrativa para os brasileiros.
   b) A questão da igreja missional é entender que o cristão não deve ser o usuário final do evangelho.
   c) Uma igreja missional, segundo Mark Driscoll (citado por Nozima, 2011), é aquela que se sustenta em quatro principais pilares: teologia reformada; relacionamentos complementares; ministério acompanhado do Espírito Santo; e prática missional.
   d) As igrejas missionais rejeitam a teologia reformada.

3. Assinale a alternativa correta:
   a) Nenhuma das igrejas missionais apresenta características reformistas.
   b) As igrejas missionais acreditam que o diálogo com as pessoas não ajuda no desenvolvimento da missão da igreja.

c) Para os missionais, Deus criou um mundo totalmente maravilhoso, mas que acabou sendo corrompido pela ganância do ser humano.

d) As igrejas missionais tendem a utilizar termos de difícil compreensão para aqueles que não estão habituados a frequentar um ambiente cristão.

4. Assinale a alternativa correta:
   a) A igreja missional adota a teologia triunfalista.
   b) A igreja missional não costuma respeitar aqueles que não creem no que a igreja crê.
   c) Uma igreja missional é marcada pela falta de diálogo com pessoas de fora da igreja.
   d) A igreja missional não discrimina aquele que não tem a mesma percepção que têm os membros e frequentadores de uma igreja.

5. Assinale a alternativa correta:
   a) A linguagem utilizada por igrejas missionais é carregada de jargões ou "evangeliquês".
   b) Uma igreja missional tem como prioridade atender "os de dentro".
   c) A igreja missional tem a tendência de cair em descrédito a ponto de deixar de existir com o passar dos anos.
   d) A igreja missional tem por alvo fundamental contextualizar o evangelho de Jesus Cristo às necessidades da cultura e da sociedade na qual está inserida.

Eclesiologia contemporânea: construindo igrejas bíblicas

Atividades de aprendizagem

Questões para reflexão

1. Reflita sobre a igreja missional e o desafio eclesiástico.

2. O que você entende por *igreja minimalista*?

Atividade aplicada: prática

Elabore uma lista com dez características de uma igreja missional.

A igreja missional

capítulo quatro

A igreja emergente[1]

---

1 Todas as passagens bíblicas indicadas neste capítulo são citações de Bíblia (2002).

A ideia do termo *emergente* pode ser compreendida com base no contexto histórico de *emergir*. Os cristãos primitivos emergiram do judaísmo, os mártires e apologistas emergiram dos cristãos primitivos, os cristãos celtas emergiram do cristianismo paroquial romano, o cristianismo medieval emergiu do caos da Idade Média, o cristianismo moderno emergiu do cristianismo medieval, os protestantes emergiram dos católicos e o cristianismo pós-protestante emergiu do cristianismo pós-moderno.

Igrejas emergentes são igrejas que possuem uma clara identificação com Jesus e visam promover a transformação da realidade secular. Assim como as igrejas missionais, não veem distinção entre o santo e o profano. Outra prática muito importante – e que é bastante comum na igreja emergente – é a vida comunitária, tão apregoada por Jesus durante o seu ministério.

Neste Capítulo, apresentaremos uma definição clara do que é uma igreja emergente, bem como levantaremos os questionamentos e os protestos tidos como relevantes pelos líderes desse movimento. Também procuramos abordar as características inerentes a essa igreja e sua relação com o movimento missional, bem como suas formas de funcionamento e as consequências práticas disso. Analisaremos as vertentes e formas de pensar existentes dentro desse meio. Finalmente, abordamos a questão do simplismo pragmático e a relação da igreja emergente com o mundo pós-moderno e com os opositores do movimento.

4.1 Definição de *igreja emergente*

Levando em conta que cada igreja tem um contexto diferente e seus próprios desafios locais, definir **igreja emergente** é uma tarefa bastante complexa. Isso ocorre porque, ao se estabelecer o termo, podemos correr o risco de delimitar demais e até mesmo dogmatizar erroneamente o conceito. No entanto, faz-se necessário lançar luz sobre sua definição.

A *igreja emergente* ou *emerging church,* como é conhecida nos Estados Unidos, é uma nova tendência eclesiológica que, nos últimos anos, vem ganhando cada vez mais espaço no meio protestante, inclusive no Brasil. O termo *emergente* refere-se a sua recente formação, seu início proeminente e recém-descoberto, recém-emergido. Há quem diga que *igreja emergente* se refere apenas a comunidades cristãs que tentam praticar o estilo de vida de Jesus em suas próprias culturas.

A ideia geral da igreja emergente é observar as mudanças que estão ocorrendo em nossa cultura com o intuito de desenvolver estratégias de alcance das gerações mais jovens. Segundo Dan

A igreja emergente

Kimball[2], as novas gerações estão frequentando cada vez menos os ambientes eclesiásticos, e esse fenômeno não deve ser ignorado. É preciso que líderes cristãos se preocupem em alcançar as gerações emergentes no contexto pós-moderno ou **pós-cristão**, como alguns o denominam (Kimball, 2008, p. 19).

Os autores norte-americanos Tom Clegg e Warren Bird apontam para o fato de que os Estados Unidos da América são, hoje, o maior campo missionário de língua inglesa e o quinto maior campo missionário do mundo, haja vista o grande número de pessoas sem nenhum vínculo com qualquer igreja (Clegg; Bird, 2001). Esses dados chamam a atenção sobre a necessidade de refletirmos sobre a cultura emergente, em vez de observarmos minuciosamente os aspectos internos da igreja, pois não será lá que acharemos os que precisam ser evangelizados.

A igreja emergente é vista como fruto do impacto da pós-modernidade[3] no mundo atual e visa desafiar os cristãos a abraçar uma

---

2   **Dan Kimball** é autor e um dos principais conhecedores da cultura da igreja emergente. Pastor-fundador das reuniões de adoração Graceland, na Santa Cruz Bible Church, está implantando uma igreja-irmã, a Vintage Faith Church, em Santa Cruz (Califórnia, Estados Unidos), voltada para a cultura emergente pós-cristã. Kimball ministra palestras com grande frequência por todos os Estados Unidos.

3   **Pós-modernidade**, para Sayão (2012), é o movimento da cultura que rejeita os valores da modernidade e vê com desconfiança os princípios racionais supostamente universais desenvolvidos na época do Iluminismo. A filosofia de perfil irracionalista do século XIX preparou terreno para a pós-modernidade, vindo esta a ter suas origens nas primeiras décadas do século XX, embora tenha apresentado maior impacto apenas nas últimas décadas. Já McLaren (2007) comenta que o termo *pós-modernidade* pode parecer bizarro à primeira vista, denotando algo semelhante à *pré-antiguidade*. No entanto, ele aponta que sua excentricidade parece ser boa razão para mantê-lo para o agora, pois os conceitos da pós-modernidade parecem ser bastante excêntricos, pelo menos da perspectiva de quem está do lado de fora.

nova cultura eclesiológica, capaz de atender às necessidades contemporâneas e combater o jeito tradicional de *ser igreja*. Ela propõe um repensar sobre as formas ministeriais normalmente utilizadas pela igreja e busca interagir com a atual sociedade, que tende a ser agnóstico-mística.

4.2 Questionamentos da igreja emergente

Em primeiro lugar, a igreja emergente discute a questão da absorção da verdade. Ela não nega que existe uma verdade absoluta, mas questiona a forma de se chegar a essa verdade. Ela também questiona como uma pessoa pode estar certa de que seu pensamento sobre a verdade é realmente viável.

Esse questionamento, feito pela igreja emergente, é bastante complexo, pois vivemos em uma sociedade que não valoriza, necessariamente, a verdade absoluta, mas a relativização dos conceitos. Aos olhos da sociedade, o que é certo para um pode ser errado para outro.

É importante ressaltar que, de certa forma, os próprios erros cometidos pela igreja ao longo da história podem ser fatores que contribuíram para que a sociedade contemporânea chegasse a esse tipo de pensamento. É notável que, por exemplo, durante os séculos, a igreja insistiu em ter atitudes que considerava absolutamente certas para determinada ocasião e que, tempos depois, seriam motivo de arrependimento.

A igreja, por vezes, chega tarde demais, justamente porque não reconhece que não basta apenas mudar, é preciso mudar na velocidade certa.

Brian D. McLaren (2008), um dos principais influenciadores da igreja emergente, ilustra a *verdade* da seguinte maneira: quando uma pessoa abre a sua mão e a enche com um punhado de areia e, logo depois, coloca esse punhado de areia na mão de outra pessoa, um fenômeno ocorre – algumas partículas da areia se perdem nessa transferência de mão para mão. Assim é também com a verdade: cada vez que ela é passada adiante, pode ser que parte dela se perca.

Além disso, a igreja emergente questiona a ortodoxia do cristianismo atual. Há ocasiões em que a igreja sabe que precisa mudar, mas não muda. Outras vezes, sabe que precisa mudar, mas muda tão vagarosamente que o efeito na sociedade acaba sendo retardado. Em outras palavras: a igreja, por vezes, chega tarde demais, justamente porque não reconhece que não basta apenas mudar, é preciso mudar na velocidade certa.

4.3 Características da igreja emergente

Assim como qualquer movimento, a igreja emergente também apresenta características e formas que a diferenciam de outros movimentos. É bem provável, inclusive, que entre todas as formas eclesiológicas estudadas nesta obra, o movimento emergente seja o que mais possui singularidades, como veremos a seguir.

4.3.1 A igreja emergente é multimodal

A igreja emergente é multimodal. Ela não é um modelo específico ou único de igreja. Existem vários, justamente pelo fato de que essa igreja leva em conta o contexto de cada cultura. Assim, não possui um modelo específico que possa ser imitado (Kimball, 2008).

Dentro da cultura estabelecida pela igreja emergente, não existe um modelo certo para se fazer as coisas, por isso é possível existirem (e realmente existem) igrejas emergentes grandes, pequenas, em células, urbanas, rurais, multirraciais, interculturais e de diferentes classes sociais. Portanto, não é possível colocar a igreja emergente dentro de um molde específico, pois é uma igreja multimodal.

4.3.2 A igreja emergente é uma mentalidade

Se a igreja emergente não é um modelo, então o que a caracteriza? A resposta para essa pergunta pode estar na fala do líder emergente Dan Kimball (2008). Ele diz que a igreja emergente é uma mentalidade empoderada por seus líderes, pois, via de regra, estes anseiam pela mesma coisa: alcançar e envolver a cultura emergente.

É perceptível que os líderes da igreja emergente estão envoltos em uma mesma visão e sabem claramente que algo precisa mudar na cultura de uma igreja que pretende alcançar as novas gerações. E as mudanças que são planejadas pelos líderes de uma igreja emergente dizem respeito à mudança de uma mentalidade e não apenas a mudanças metodológicas.

A igreja emergente visa reexaminar tudo o que a igreja fez até aqui e mudar não apenas o jeito de pensá-la, mas também o como fazer as coisas: a forma de ministração, o estilo de pregação, o jeito como se louva ou a maneira como as pessoas se vestem para frequentar as programações da igreja.

4.3.3 A igreja emergente é missional

A igreja emergente tem como foco produzir discípulos de Jesus. Isso implica um coração missionário e focado no Reino, independentemente da metodologia que precise ser empregada. Dentro desse conceito, o sucesso de uma igreja emergente não é medido por conta do prédio onde ela se reúne, do planejamento financeiro que ela faz ou das pessoas que a frequentam.

O foco de uma igreja emergente não está em se adequar a uma metodologia, nem necessariamente em estabelecer uma estratégia inovadora ou interessante. A ideia é cumprir a missão que Jesus deixou no livro de Mateus (5: 13-16) e se balizar nas mesmas características das quais era investida a Igreja do primeiro século.

Sendo uma igreja missional, a igreja emergente propaga a mensagem e a fé em Cristo por toda parte, para ganhar o respeito da sociedade por conta da sua reputação. Ou seja, ela compreende a **necessidade de mudança para alcançar a sociedade** (Kimball, 2008).

Dentre as características componentes de uma igreja emergente, destacam-se o constante repensar da **liderança**, bem como uma constante **formação espiritual**. A igreja emergente está sempre discutindo sua missão e o evangelismo. E é por conta disso que muitas igrejas norte-americanas – e também brasileiras – estão mudando seus cultos de adoração para atender às necessidades da cultura emergente.

A compreensão da necessidade de mudança constante é uma de suas características latentes. Ela está disposta a desconstruir paradigmas para reconstruir igrejas que possam ser reconhecidas pelo amor fraternal, pela comunhão, pelo partir do pão e pela oração. Para uma igreja emergente, o ato de compartilhar Jesus para outras pessoas deve levar em conta a cultura do mundo pós-cristão.

4.4 Objetivos da igreja emergente

Uma igreja emergente tem como objetivos compreender o mundo pós-moderno, comprometer-se com as pessoas deste mundo e apontar a essas pessoas a solução. Um dos principais conceitos que estão presentes em seus objetivos é a busca por novas maneiras de comunicar o evangelho para a geração atual.

A igreja emergente visa encontrar maneiras de comunicar bem e de maneira entendível as Escrituras à cultura atual, o que não é uma tarefa fácil. Isso implica ser uma igreja vibrante, capaz de alcançar e de servir o mundo de hoje.

Para McLaren (2008), compreender o mundo pós-moderno significa procurar enxergá-lo do lado de dentro, e não apenas observá-lo pelo lado de fora. Comprometer-se com ele implica maximizar as oportunidades que ele apresenta; apontar a solução para ele implica preparar-se para uma revolução capaz de eliminar o "vírus" da modernidade.

4.5 O movimento missional e suas implicações

Construir ou repensar uma igreja emergente significa observar as características do movimento missional e suas consequências. A principal implicação está em redefinir constantemente a missão da igreja, para que esta atenda às necessidades de seu tempo.

Havia uma frase usada antigamente como visão do ministério Mocidade para Cristo no Brasil (MPC Brasil) que parece fazer sentido ao movimento missional: "Ao compasso dos tempos, ancorada na rocha". Parece ser essa exatamente a implicação principal do movimento missional.

A grande verdade é que nem sempre a igreja se propôs a redefinir a sua missão. Por conta disso, cometeu erros e antagonismos ao longo dos tempos. Sobre esse assunto, McLaren (2008, p. 49-50) faz o seguinte comentário:

A igreja emergente

a Igreja ocasionalmente caçou e assassinou hereges, enquanto que ocasionalmente foi ela mesma caluniada como uma organização herética. Ela às vezes se opôs ao progresso da ciência, e às vezes promoveu vigorosamente o progresso. A igreja tem preservado a cultura antiga e as línguas mortas, erradicado culturas e línguas, promovido arte de excelência, e arte de mau gosto, destruído arte de excelência, lançado e apoiado a expansão missionária, ridicularizado e prejudicado a expansão missionária, curando os doentes e alimentando os famintos, ignorado os doentes e esquecido os famintos, inspirado o avanço capitalista, criticado o avanço capitalista, se oposto [sic] ao comunismo, iniciado o comunismo, promovido a política conservadora, promovido a política liberal, combatido outras denominações, promovido o ecumenismo, se abrigado dentro de uma subcultura, penetrado em novas culturas.

Essa citação reflete a necessidade que a igreja tem de estar constantemente se redefinindo e se reformando, para que possa realmente cumprir a sua missão como igreja. Se isso não acontecer, a consequência será totalmente negativa: ela não produzirá mais cristãos, não formará melhores cristãos, não desenvolverá uma comunidade missional e não contribuirá para um mundo melhor.

4.6 Formas de funcionamento da igreja emergente

Há três práticas muito comuns a todas as igrejas que se declaram *emergentes*: elas são cristocêntricas, não veem distinção entre o "sagrado" e o "profano" e têm nítida vida comunitária.

Dessas três práticas derivam outras, a saber: receber os de fora, servir com generosidade, ter liturgia celebrativa e criativa e liderar como corpo. Evidentemente, por ser também missional, a igreja emergente compartilha de vários conceitos que também são inerentes à própria igreja missional.

4.6.1 Forte identificação com Jesus Cristo

Igrejas emergentes são **cristocêntricas**. Elas acreditam que o exemplo de Jesus Cristo deva mesmo ser praticado em nossos dias. A ênfase da igreja emergente não está na experiência com o Cristo, mas na vivência do Cristo. Assim, o cristão é convidado a viver como Jesus vivia: incluindo os excluídos, desafiando as autoridades políticas e religiosas, vivendo de maneira mais humilde e simples.

Em suma, a igreja emergente valoriza o serviço do cristão, e não seu prestígio. Prega o serviço em vez do interesse próprio e da busca das riquezas, indo na contramão dos defensores da teologia da prosperidade, também conhecida como *teologia triunfalista*. Na igreja emergente, o cristão é desafiado a imitar Jesus e a buscar primeiramente seu Reino, e isso significa amar ao próximo e ajudá-lo em suas necessidades.

Numa igreja emergente, o cristão é levado a confrontar toda forma de hipocrisia e de poder que possa existir. Ele também é provocado a levar a boa notícia do evangelho às pessoas, o que não significa, necessariamente, dizer que Jesus morreu pelos pecados de toda a humanidade e que ele veio ao mundo para redimi-lo.

4.6.2 Não fazer divisão entre o sagrado e o profano

A igreja emergente não vê diferença entre a vida eclesiástica (dentro do templo) e a vida secular. No contexto emergente, **a vida precisa ser uma só**. Não deve ser como uma pessoa com "dupla personalidade", ou seja, que vive uma vida dentro da igreja e outra fora dela.

A igreja emergente

Nesse sentido, o santo ou sagrado não se separa do secular ou mundano. A música, por exemplo, não deve ser dividida entre *gospel* ou evangélica e secular ou mundana. Na verdade, o cristão precisa saber diferenciar música boa de música ruim – e, convenhamos, há muita coisa boa e ruim dos dois lados, tanto no secular como no evangélico.

Na igreja emergente, o cristão é desafiado a imitar Jesus e a buscar primeiramente seu Reino, e isso significa amar o próximo e ajudá-lo em suas necessidades.

A contradição entre as coisas santas e as coisas do mundo está principalmente no fato de que, dessa maneira, afirma-se que há um espaço onde é possível viver sem Deus, o que seria uma incoerência. É por isso que as igrejas emergentes reconhecem que a *Missio Dei* (missão de Deus) não se dá somente em ambientes considerados sagrados ou espirituais, mas em todas as esferas. Deus atua dentro e fora da igreja. A proposta emergente é de que a vida do ser humano seja uma só. Ou seja, a vida espiritual de um indivíduo não está dissociada das suas atividades fora de um ambiente espiritual (McLaren, 2008).

4.6.3 Viver de maneira comunitária

A igreja emergente propõe viver como Jesus viveu: em comunidade. Assim como a natureza de Deus é amor – e isso significa que Ele é um Deus relacional –, o cristão também deve ser relacional. É importante lembrar que, antes mesmo da criação do homem, Deus já se relacionava com a Trindade, motivo pelo qual o ser humano, que foi feito à Sua imagem e semelhança, também deve ser relacional.

Para a igreja missional, o culto não é mais importante do que a vida comunitária, pois é por meio dela que o Reino de Deus pode se demonstrar mais eficazmente. Isso não quer dizer que o culto não seja importante. Pelo contrário, ele deve ser um ambiente capacitador do cristão, para que este possa servir no mundo.

Enquanto para algumas estruturas eclesiais o Reino de Deus é derivado da igreja, na perspectiva emergente a igreja é um subproduto do Reino – ou seja, o Reino é mais importante que a igreja. Na visão dos emergentes, a igreja é um ambiente no qual a família de Deus pode viver comunitariamente e vivenciar seus relacionamentos.

É por isso que a igreja emergente tende a valorizar mais as pessoas do que os lugares (a instituição Igreja e o culto propriamente dito). A ideia é que o cristão deve cultuar a Deus por meio de sua vida. Assim, o cristão também cultua a Deus pelo que faz e pela forma como se relaciona com as pessoas.

Via de regra, as igrejas emergentes não são marcadas por intensos ativismos ministeriais, já que suas atividades sempre acabam se voltando para o estilo de vida daqueles que as frequentam. E como acontece em todo ambiente comunitário, na igreja emergente também existe a prestação de contas.

Em suma, a igreja emergente desafia as pessoas a conviverem entre si e a dependerem umas das outras. Esse é outro motivo pelo qual excluídos, fracos e vulneráveis tendem a se sentir mais acolhidos e recebidos nesse ambiente eclesiástico.

4.7 Consequências das práticas de uma igreja emergente

Como diz uma lei da física, "para toda ação existe uma reação". As ações de uma igreja emergente também acabam provocando alguns resultados que chamam bastante atenção.

A igreja emergente

Estão elencadas, a seguir, algumas das consequências que as práticas da igreja emergente tendem a produzir.

4.7.1 Os "de fora" se sentem "de dentro"

Os excluídos, os diferentes e os que não se encaixam em padrões sociais tendem a se sentir mais à vontade no ambiente de uma igreja emergente. Assim como nos tempos de Jesus, os pobres, os enfermos, os mazelados, os aleijados e os cegos eram convidados a participar do seu convívio.

É por esse motivo que a igreja emergente visa incluir os excluídos, já que essa também era uma prática de Jesus em seu ministério. O evangelismo emergente não é um evangelismo proselitista nem arrogante, mas transparente e humilde (McLaren, 2008).

A atitude de servo, vista nas igrejas emergentes, faz com que os injustiçados e os esquecidos pela sociedade possam mais facilmente se encontrar com Jesus pelo convívio com os membros da Igreja. É esse respeito mútuo existente entre as pessoas o que as leva a caminhar juntas.

Dessa maneira, aqueles que não pensam necessariamente como os frequentadores de uma igreja têm mais facilidade de ingressar no ambiente cristão. Por esse motivo, a vida cristã pregada pela igreja emergente é um desafio a ser vivido por todos os cristãos da atualidade. A pregação da igreja emergente nos confronta a fazer uma igreja de um jeito diferente; não necessariamente do jeito que os que já são cristãos gostam de fazer, mas de uma maneira capaz de atrair a confiança daqueles que pensam diferente.

4.7.2 O serviço e a generosidade são vivenciados

A igreja emergente defende a grande missão dada por Jesus, que é a de fazer discípulos. Para que esse direcionamento dado por Jesus não seja "uma grande omissão em vez de uma grande comissão" (Fernandes, 2010), ela defende a prática do serviço e da generosidade por parte do cristão.

Afinal de contas, se Jesus veio para servir e não para ser servido, por que sua Igreja deveria agir de forma diferente? Outro ponto importante no pensamento emergente é que o serviço precisa ser vivido em termos globais, e não somente no contexto da igreja local, até porque o Reino de Deus não se restringe a uma comunidade local.

Embora pregue o serviço, a igreja emergente não o enxerga como uma forma de evangelização ou de atrair pessoas. Ela o vê como uma maneira de expressão do amor cristão. Ou seja, o cristão não deve exercer o serviço apenas no ambiente eclesiástico, mas também em suas atividades profissionais e vocacionais dentro da sociedade.

4.7.3 O culto é uma celebração criativa

A questão litúrgica do culto emergente é o que faz com que muitas igrejas tenham dificuldade em ser classificadas como *emergentes*. Isso acontece porque o culto de uma igreja emergente é marcado por uma celebração criativa que não escapa da realidade das pessoas.

Em um culto emergente, é possível que as pessoas que participam o façam como reprodutoras, e não como consumidoras. Sendo assim, elementos culturais locais podem ser utilizados para fazer com que as pessoas daquela cultura se sintam mais à vontade.

A igreja emergente

É comum as igrejas emergentes utilizarem uma linguagem mais coloquial, bem como seus frequentadores irem ao culto com roupas informais. Também é possível que igrejas emergentes se utilizem de templos ou espaços com características arquitetônicas diferentes, e objetos costumeiramente vistos em igrejas podem não fazer parte do ambiente de uma igreja emergente.

4.7.4 A liderança não é impositiva

Via de regra, a liderança emergente não é uma liderança que faz uso da coerção, do domínio, do controle e da submissão à autoridade. Embora muitos modelos de igreja, na atualidade, ainda estejam baseados nessas características, a igreja emergente propõe uma liderança mais descentralizada.

A ideia é o desenvolvimento de líderes visionários, e não de gerentes; a presença de líderes participativos em vez de carismáticos (não que se proíba um carismático de atuar na igreja, pois pode ser que ele também seja participativo). Busca-se a composição de uma liderança humilde, mesmo que esse não seja um padrão de sucesso aos olhos da sociedade.

A liderança de uma igreja emergente é marcada pelo serviço e pela demonstração por meio do exemplo. Assim, o discurso é substituído pelo próprio exemplo. Em se tratando do poder decisório, ele é mais descentralizado, buscando maior participação (Kimball, 2008).

4.8 O que a igreja emergente não é?

Há muita confusão sobre o que vem a ser uma igreja emergente. Existem pessoas que, não conhecendo a forma de ser desse tipo de igreja, acabam definindo-a de maneiras errôneas, que não correspondem à realidade. É por esse motivo que, a seguir, expomos algumas definições que não dizem respeito à igreja emergente.

Em primeiro lugar, a igreja emergente não é um modismo ou um modelo de igreja. Não é um pacote fechado que pode ser comprado em um lugar e transferido a outro. Em segundo lugar, ela não é uma nova forma de interpretar a Bíblia e também não é, necessariamente, uma igreja na qual a forma de culto seja contemporânea.

A igreja emergente não é um movimento para alcançar os "sem igreja", os "desigrejados" ou a "nova geração". Ela não é mais um programa a ser adaptado à igreja. Não é, necessariamente, uma igreja com ministério em células e que se sujeita a uma cobertura espiritual externa.

Também não é uma invenção americana e não tem ligação com movimentos como o G12 ou o Igreja com Propósitos[4]. Tampouco tem um líder a quem possa se reportar. Nesse sentido, erroneamente alguns alegam que Brian D. McLaren é seu fundador ou mentor.

Numa igreja emergente não se prega o pensamento pós-moderno de que a verdade absoluta não existe ou de que tudo é relativo. Não é uma seita ou uma espécie de "igreja anti-igreja". Não é uma sociedade secreta ou uma igreja ecumênica, mesmo que vise alcançar um grupo específico ou uma tribo urbana.

---

4   O G12 foi um movimento criado por César Castellanos Domínguez, da Missão Carismática Internacional (MCI), inspirado na igreja em células sul-coreana de David Yonggi Cho. Foi muito combatido dentro das igrejas. Já a Igreja com Propósitos foi descrita por Rick Warren no livro de mesmo nome, também é combatido por outras correntes evangélicas, é baseado em cinco propósitos: reunir, edificar, adorar, ministrar, evangelizar. Segundo os seguidores dos propósitos, manifestos na Igreja Betesda, eles preparam seus pastores com uma abordagem única, baseada na Bíblia, para manter uma igreja equilibrada e crescente.

Ou seja, a igreja emergente não é uma "nova onda", não é uma instituição e também não tem nada a ver com o movimento da Nova Era[5]. Ela não é baseada na crítica aberta ao pensamento moderno, anterior ao pós-modernismo.

Finalmente, igrejas emergentes não têm em suas placas a denominação *igreja emergente*. É por isso que, em pouco tempo, pode ser que esse termo deixe de ser usado. Se isso acontecer, possivelmente será uma real demonstração de que a igreja contemporânea está, de fato, emergindo (Kimball, 2008).

4.9 Pontos fortes do movimento emergente

Existem muitos pontos positivos da igreja emergente que são reconhecidos até mesmo por opositores e refutadores do movimento. Dentre eles, destacamos a correta leitura do nosso tempo. Parece que os emergentes estão conseguindo lançar mão da história nos mesmos moldes que a Igreja Apostólica, quando emergiu de uma comunidade judaica para uma comunidade constituída de judeus e gentios, o que acabou por impactar o mundo da época.

Outro importante ponto forte do movimento é sua luta pela autenticidade. É pregada uma constante busca da fé e da espiritualidade

---

5   A Nova Era (em inglês, *New Age*) é um movimento do pensamento religioso que reúne crenças de várias fontes. Em geral, são ideias difundidas por seitas sincréticas e espirituais que misturam sabedoria oriental com espiritismo, terapias alternativas, ecologismo, gnose e inclusive astrologia, dando a essa multifocalidade uma aparência sintética.

Eclesiologia contemporânea: construindo igrejas bíblicas

autênticas, capazes de gerar uma obediência cristã autêntica. Além disso, os emergentes estão conseguindo reconhecer o contexto social em que as pessoas vivem, ao contrário de muitas igrejas da atualidade.

Opondo-se a muitas igrejas que se preocupam em catequizar ou doutrinar os novos convertidos, o movimento emergente parte do pressuposto de que grande parte das pessoas convertidas precisa de habituar-se à igreja, pois não conhece a vivência dentro de um sistema eclesiástico. Assim, a igreja emergente não busca ensinar aquilo que a pessoa não quer aprender. Utilizando-se da mesma estratégia usada por Jesus Cristo, ela procura o ponto de convergência da cultura com a pregação.

Um dos pontos positivos mais importantes dos emergentes está no fato de eles realmente se preocuparem em evangelizar "os que são de fora", os quais, via de regra, não são alcançados por intermédio da igreja tradicional.

Porém, um dos pontos positivos mais importantes dos emergentes está no fato de eles realmente se preocuparem em evangelizar os que são de fora, os quais, via de regra, não são alcançados pela igreja tradicional. Isso não quer dizer que os emergentes não possuem vínculos com sua tradição. A igreja emergente se propõe a romper com o tradicionalismo, mas se abre para interagir com outras tradições. Ela faz uma espécie de sincretismo que é capaz de alcançar pessoas que dificilmente seriam alcançadas por um modelo mais tradicional de igreja. Enfim, os emergentes são muito bons em estabelecer novas estratégias (Kimball, 2008).

4.10 Fragilidades do movimento emergente

Donald Arthur Carson[6] aborda alguns pontos fracos relativos ao movimento emergente. Ele aponta para o fato de a igreja emergente defender que há muita coisa certa no modernismo e muita coisa errada no pós-modernismo. No entanto, não explica exatamente quais são essas coisas certas e erradas (Carson, 2010).

Outra questão abordada por Carson é a dificuldade que esse movimento tem em lidar com situações delicadas, como as religiões equivocadas, as seitas, os assuntos relacionados à vida após a morte etc. Na visão de Carson (2010), isso acontece porque a igreja emergente acaba defendendo exacerbadamente a prática da generosidade, o que a impede de tratar abertamente de questões difíceis.

O autor também aponta a dificuldade de se fazer uma conexão entre o material sagrado das Escrituras e o tempo presente. Para ele, a interpretação dos textos bíblicos e sua contextualização com nosso tempo acaba acontecendo com base em interpretações muito pessoais.

A seguir, citamos um trecho em que Carson critica abertamente um posicionamento de Brian D. McLaren:

> Polido esse McLaren. Sua *mea culpa sem pudores desarma qualquer um; ele então astutamente fornece um texto-prova e sugere que pode*

---

6 **Donald Arthur Carson** tem pós-doutorado e mestrado em Divindade e, ao longo de sua vida, destacou-se como um grande teólogo da linha reformada evangélica, atuando muitos anos como professor na disciplina Novo Testamento. Estudou na McGill University, no Central Baptist Seminary de Toronto (Canadá) e na University of Cambridge (Reino Unido).

> *estar obedecendo às Escrituras, apesar de tudo. Isso quase basta para conquistar a simpatia da gente. Contudo, essa reflexão sóbria se esgota ao perceber, depois de um tempo, que McLaren repetidamente pinta todo o evangelicalismo confessional com a estreiteza de uma das igrejas mais ultraconservadoras, de um dos ramos mais ultraconservadores. A maneira como ele escreve me lembra muito as oscilações drásticas tão típicas de um "jovem revoltado", algo que provavelmente só introduz ainda oscilações na teologia e nos assuntos relacionados à membresia [sic] das igrejas. Em que ponto é responsabilidade dos líderes cristãos tentar refletir o equilíbrio e o holismo das Escrituras em vez de se vangloriar do extremismo de alguém [...]?* (Carson, 2010, p. 197)

Essa crítica de Carson traz à tona alguns dos pontos em que o movimento emergente ainda precisa se consolidar. De qualquer maneira, também não se pode simplesmente concordar com o pensamento de Carson e fazer uma oposição aberta aos líderes emergentes sem que se analise cada ponto e cada situação específica do movimento.

4.11 As quatro vertentes da igreja emergente

As igrejas emergentes ou pós-modernas se dividem praticamente em quatro grupos. A seguir, estudaremos um pouco a respeito dessas vertentes. Na verdade, as diversas igrejas emergentes têm diferentes formas de expressão e variadas ênfases, ainda que todas elas se apresentem como igrejas cristãs emergentes.

O que é possível afirmar é que todas elas estão engajadas na busca de práticas que visam a um funcionamento aceitável e atraente para o homem pós-moderno. É por isso que encontraremos igrejas emergentes que estão abandonando o modelo eclesiástico formal com um culto tradicional, mas também nos depararemos com igrejas pós-modernas que adotam em sua forma litúrgica práticas e símbolos totalmente místicos e, até mesmo, liturgicamente rígidos (Kimball, 2008).

4.11.1 Os emergentes evangélicos

Os emergentes evangélicos não têm muitas características peculiares. Em geral, buscam a reconstrução do cristianismo pela formatação de um culto atraente às pessoas que possuam uma aversão aos evangélicos.

Os emergentes evangélicos defendem um novo enfoque para missões e para a vida na igreja. É, possivelmente, o grupo emergente que mais cresce e se expande na atualidade, e também o que propõe maior relação entre os grupos evangélicos que existem hoje (Kimball, 2008).

4.11.2 Os emergentes evangélicos da igreja nos lares

O grupo emergente da igreja nos lares se utiliza de diversos modelos e formas de encontros familiares semanais que visam promover a comunhão e o estudo bíblico. Esse grupo tem crescido e encontrado bastante êxito em diversas culturas por conseguir interagir mais de perto com seus membros.

O grupo também se destaca por maior eficácia no pastoreio das pessoas. Via de regra, não realiza seus cultos em templos ou edifícios religiosos e despreza a liturgia formal. Seus cultos são celebrativos, livres, criativos e artísticos.

A ideia desse grupo é que as pessoas possam participar espontaneamente de um culto, sem maiores preocupações. Nessa perspectiva, defende-se que esse é o modelo bíblico e neotestamentário mais correto de ser da igreja na atualidade. Para isso, em geral se utiliza o texto de Atos dos Apóstolos:

> *A primeira comunidade cristã* – *Eles mostravam-se assíduos ao ensinamento dos apóstolos, à comunhão fraterna, à fração do pão e às orações. "Apossava-se de todos o temor, pois numerosos eram os prodígios e sinais que se realizavam por meio dos apóstolos. Todos os que tinham abraçado a fé reuniam-se e punham tudo em comum: vendiam suas propriedades e bens, e dividiam-nos entre todos, segundo as necessidades de cada um. Dia após dia, unânimes, mostravam-se assíduos no Templo e partiam o pão pelas casas, tomando o alimento com alegria e simplicidade de coração. Louvavam a Deus e gozavam da simpatia de todo o povo. E o Senhor acrescentava cada dia ao seu número os que seriam salvos.* (Atos, 2: 42-47)

Esse é um exemplo de texto utilizado pelos emergentes para provar biblicamente sua versão de igreja, o que parece ser bastante lógico e compreensível.

4.11.3 Os emergentes evangélicos reformados

Os emergentes evangélicos reformados são o grupo mais conservador desse movimento. Eles discordam da ideologia dominante do movimento, acusando-a de ser liberal demais. Ainda assim, os emergentes reformados têm profunda preocupação pelo alcance da geração pós-moderna.

São um grupo culturalmente liberal, e sua doutrina ortodoxa faz nítida distinção entre o evangelho e a cultura. Em geral, são contrários aos emergentes adeptos de uma teologia liberal e que têm uma liderança mais descentralizada (Kimball, 2008).

4.11.4 Os emergentes evangélicos liberais

Os emergentes evangélicos liberais formam o grupo mais questionado e criticado por aqueles que se opõem ao movimento emergente. Alguns os acusam de ser mais flexíveis não só liturgicamente, mas também teologicamente.

Os emergentes informais defendem que a igreja, nos moldes tradicionais, pode criar barreiras para o alcance das pessoas. Nesse sentido, criticam a forma institucional de ser igreja e defendem a **realização de cultos nos lares**. Também opõem-se às hierarquias eclesiásticas e desprezam as formalidades litúrgicas.

A maioria dos grupos liberais emergentes não buscam uma afiliação denominacional ou religiosa. Alguns, inclusive, não têm uma lista de frequentadores ou mesmo um rol de membros. Eles acreditam que, dessa maneira, serão mais atrativos para os descrentes e irão satisfazer melhor as suas expectativas.

4.12 A igreja pós-protestante ou pró-testemunhal e o simplismo pragmático

Em primeiro lugar, é preciso esclarecer que o termo *pós-protestante* não significa necessariamente ser antiprotestante ou mesmo não protestante. Os *pós-protestantes*, também conhecidos como *pró-testemunhais*, assim se denominam por propor uma nova leitura da forma de se fazer igreja na atualidade.

Eclesiologia contemporânea: construindo igrejas bíblicas

Nos contextos moderno e clássico, protestante é aquele que protesta por algo. Na trajetória da Igreja, por exemplo, os protestantes se tornaram conhecidos pela sua forma de protestar contra a Igreja Católica Apostólica Romana.

A ideia do movimento pós-protestante atual não é, necessariamente, a de protestar contra a atual igreja, mas de fazer justamente o contrário: ao invés de protestar, eles preferem focar naquilo de que são a favor. Dessa forma, caracterizam-se como uma igreja simplista e pragmática na sua maneira de pensar e de agir (Kimball, 2008).

4.13 A igreja pós-protestante ou pró-testemunhal e o mundo pós-moderno

A forma de a igreja se relacionar com o mudo atual se constitui como um grande desafio. Nunca houve um número tão grande de crentes, igrejas, conversões, seminários, editoras e instituições que produzam literatura e treinamento voltados à igreja brasileira (Paes, 2003). A igreja da atualidade é influenciada tanto pelo pensamento moderno quanto pelo pós-moderno.

Em se tratando da igreja pós-protestante, suspeitamos que o escritor Os Guinness[7], discípulo de Francis Schaeffer, está correto quando aponta que a Igreja tem sido fortemente influenciada pela

---

7   **Os Guinness** é um autor inglês, estudou em diversas universidades, como a Universidade de Oxford, a Universidade de Londres e o Oriel College (Reino Unido). Ao longo de sua vida, tem se destacado como crítico social.

A igreja emergente

secularização, pela pluralização[8] e pela privatização[9]. Essas são características do mundo pós-moderno (Guinness, 1983).

Partindo de referenciais da sociologia, Guinness destaca que a modernidade traz à igreja ameaças bastante perigosas. Em palestra proferida há muito tempo, por ocasião da realização do Lausanne II[10], ele afirmou que a modernidade ou a modernização mundial emergente representa a grande oportunidade de ser o maior desafio que a igreja jamais enfrentou desde os tempos apostólicos (Guinness, citado por Douglas, 1990).

Já o escritor Ricardo Barbosa de Sousa[11] diz que a igreja brasileira é, hoje, fortemente influenciada pela modernidade. Ele ainda comenta o fato de que, muitas vezes, o excesso de informação – que é uma característica marcante da modernidade – pode, de certa

---

8 A **pluralização** religiosa é uma condição observada em contextos sociais nos quais não há hegemonia de uma única religião, ou nos quais a hegemonia de uma religião tende a desaparecer. É um fenômeno consequente da democratização da sociedade, que considera todos os sujeitos religiosos como absolutamente legítimos. O fato é que, nas sociedades democráticas, existe o reconhecimento do direito à diferença de pensamento e de crença entre indivíduos e grupos. A pluralização, nesse sentido, proporciona melhor convivência entre grupos diferentes. No contexto religioso, ela provoca maior diálogo e convívio interdenominacional, o que se torna não somente necessidade, mas também enorme desafio, já que o fundamentalismo religioso ainda é um obstáculo a ser transposto.

9 A **privatização** é um dos grandes fenômenos decorrentes da secularização. A privatização da religião é um fenômeno urbano que tem refletido as leis da economia de mercado, tornando-se uma sobrecarga para o indivíduo. A privatização torna a escolha de aspectos doutrinários e teológicos matéria pessoal, como se se escolhessem tais e quais opções, em tantas religiões quantas necessárias para formar uma religião pessoal.

10 **Lausanne II**, é como foi chamado o *II Congresso Internacional para a Evangelização Mundial*, realizado no mês de julho de 1989 na cidade de Manila (Filipinas).

11 **Ricardo Barbosa de Souza** é pastor presbiteriano e também atua como escritor. Atualmente, pastoreia e reside na cidade de Brasília (DF).

Eclesiologia contemporânea: construindo igrejas bíblicas

forma, provocar uma ignorância aguda na Igreja. Para ele, não basta a igreja ter informação em abundância, ela precisa saber discernir os sinais necessários para abrir os olhos e ver o que nem sempre é óbvio no meio de tanta informação (Sousa citado por Amorese, 1998).

Sousa ainda diz que a igreja brasileira vive momentos de crescimento e euforia, ainda que, em parte, tenha seus valores sutilmente influenciados e transformados pela modernidade e os esteja absorvendo sem nenhuma resistência. Para ele, a igreja brasileira se define como uma igreja que tem incorporado os valores próprios de uma sociedade moderna, tais como a secularização, o individualismo e a pluralização (Sousa citado por Amorese, 1998).

É importante explicar aqui que, quando dizemos que a igreja brasileira é influenciada pela modernidade, a palavra *modernidade* tem a conotação de contemporaneidade. Nesse sentido, Rubem Amorese[12] (1998, p. 18) discorre para evitar associações errôneas:

Uma palavra sobre o termo "modernidade". Começa a surgir, nos debates sobre o tema, o uso de termo "pós-modernidade". Diz-se que somos uma geração "pós-moderna"; vivemos o "pós-modernismo" etc. Optei por continuar com "modernidade". Entendo que os termos "modernismo" e "pós-modernismo" referem-se ao movimento filosófico e das artes destes últimos duzentos anos. Na verdade, têm uma proximidade conotativa tão grande com o que chamo de modernidade que esta distinção é quase desnecessária. Mas ainda assim há uma distinção: modernidade, na minha forma de entender, não é uma designação para movimento

---

12 **Rubem Martins Amorese** é escritor e autor de diversos livros. Formado em Comunicação Social e Literatura Francesa, é mestre em Comunicação pela Universidade de Brasília (UnB) e pós-graduado em informática pela Universidade Católica de Brasília.

A igreja emergente

artístico-filosófico. Modernidade provém de tecnologia. Está associada mais à revolução industrial que à rejeição dos padrões clássicos.

Dada essa explicação de Rubem Amorese (1998), é comum que seja utilizado o termo *modernidade* quando se quer falar a respeito da pós-modernidade. Essa confusão também pode ser vista ao utilizarmos o termo *pós-protestante*, o qual, por vezes, é visto equivocadamente como algo contra o protestantismo.

4.14 Os opositores da igreja emergente

Há muitos teólogos, pastores e líderes cristãos que são avessos aos ideais e às práticas da igreja emergente. Entre os maiores, está o pastor norte-americano John Stephen Piper[13], que se refere à igreja emergente como uma apostasia[14] da burguesia branca.

Piper (2010) critica abertamente o diálogo emergente e afirma que, dentro de poucos anos, a igreja emergente vai desaparecer. Ele diz, por exemplo, que o movimento emergente já teve seus melhores dias e que sua liderança está em ruínas. Para ele, os emergentes são formados por pessoas que agem contra as megaigrejas e que não são adeptas à aceitação de doutrinas, sob alegação de que elas

---

13   **John Stephen Piper** é um dos mais influentes pregadores batistas calvinistas e um dos principais autores religiosos no nosso tempo. Piper foi pastor sênior da Igreja Batista Bethlehem, em Minneapolis (Estados Unidos) por 33 anos. Dentre suas principais obras, destacam-se: *Desejosos de Deus*, *Não jogue sua vida fora*, *Homem e mulher* e *A irmã do filho pródigo*.

14   *Apostasia* é a renúncia a uma religião ou crença, o abandono da fé, principalmente a cristã.

levam as pessoas a divergências, o que seria ruim para uma igreja que se diz *relacional*.

Piper (2010) diz que o movimento emergente tem caminhado rumo à heresia e ao abandono do evangelho bíblico. Ele acusa os emergentes de priorizarem os relacionamentos em vez da verdade. Para ele, isso faz com que a imoralidade se alastre e seus líderes terminem em ruínas.

Outro teólogo crítico às ideias emergentes é o também norte-americano Scott McNight[15]. Em entrevistas e vídeos, ele se refere a Brian D. McLaren como não ortodoxo e diz que ele foi tão longe em suas argumentações que pode até mesmo ser chamado de *não cristão*.

Entre os autores que refutam o movimento emergente está também o teólogo Donald Arthur Carson. Em um livro escrito especialmente sobre o pensamento da igreja emergente, Carson (2010) apresentou suas posições contrárias ao movimento. No entanto, também fez questão de reconhecer os pontos fortes desse movimento, ao apontar que muitas igrejas que não são consideradas emergentes realizam práticas que são costumeiramente defendidas pelo movimento emergente.

É perceptível, na tese de Carson, que ele é bastante cauteloso ao tratar do movimento emergente. Para ele, a igreja emergente representa alguns perigos para a fé cristã bíblica, principalmente quando se trata de aspectos filosóficos (Carson, 2005).

Carson afirma que uma das características do movimento emergente é a de ser um movimento "de dentro" e opositor da igreja

---

15 **Scott McNight** atua como professor da disciplina de Novo Testamento no Seminário Batista Teológico do Norte e estudou em importantes instituições, como a Universidade Cornestone, a Escola de Teologia Evangélica da Trindade e a Universidade de Nottingham. É um estudioso e historiador do cristianismo primitivo, além de se destacar como um grande teólogo, orador, escritor e blogueiro.

evangélica tradicional. Ele expõe que a visão dos líderes emergentes é a de que a forma tradicional de ser igreja está dependente dos conceitos do absolutismo da era moderna (Carson, 2005).

Sendo assim, o movimento emergente veio trazer uma espécie de liberdade para o cristianismo da pós-modernidade. Dessa forma, percebemos que o pensamento emergente é caracterizado por uma aversão ao absolutismo que, via de regra, é a maneira de pensar do modernismo. Para Carson (2005), o conceito de *verdade absoluta* não faz parte da filosofia de pensamento emergente, porque esta contraria a forma de pensar fundamentalista de alguns grupos cristãos mais tradicionais.

Síntese

A igreja emergente – ou *emerging church* – é uma nova tendência eclesiológica que, nos últimos anos, vem ganhando cada vez mais espaço no meio protestante. Na ótica emergente, a igreja primitiva estava atenta aos desafios culturais de seu tempo e atendia perfeitamente a esses desafios.

Assim, a igreja emergente é vista como fruto do impacto da pós-modernidade no mundo atual e visa desafiar os cristãos a abraçarem uma nova cultura eclesiológica, capaz de atender às necessidades contemporâneas e combater o jeito tradicional de ser igreja.

Como qualquer movimento, os emergentes também têm características e formas que os diferenciam de outros movimentos. São vistos como multimodais, têm uma mentalidade missional e apresentam diversas formas de funcionamento.

É possível dizer que a igreja emergente se divide em quatro grandes ramificações: os emergentes evangélicos; os emergentes evangélicos das igrejas nos lares; os emergentes evangélicos reformados; e os emergentes evangélicos liberais.

Assim como todo movimento, a igreja emergente apresenta muitos pontos favoráveis e dignos de terem seus defensores. No entanto, ela também tem muitos pontos negativos que têm feito com que opositores se levantem contra esse movimento e se posicionem como adversários, negando o seu valor.

Indicações culturais

BUGARIM, P. P. A. **Influência das igrejas evangélicas no comportamento dos membros e frequentadores**. 59f. Dissertação (Mestrado em Administração e Desenvolvimento Empresarial) – Universidade Estácio de Sá, Rio de Janeiro, 2007. Disponível em: <http://portal.estacio.br/media/209137/disserta%C3%A7%C3%A3o%20-%20pedro%20paulo%20a.%20bugarim.pdf>. Acesso em: 3 abr. 2016.

Essa excelente dissertação produzida pelo mestre Pedro Paulo Alves Bugarim trata sobre a influência das igrejas evangélicas emergentes no comportamento dos seus membros e frequentadores.

ED René Kivitz: lutando pela igreja – parte 1 (2007). 9 nov. 2011. Palestra. Disponível em: <https://www.youtube.com/watch?v=m6MUIrFAAEQ>. Acesso em: 3 abr. 2016.

Nessa palestra, o autor e teólogo Ed René Kivitz fala sobre as principais diferenças entre a igreja moderna e a igreja pós-moderna, e como devemos pensar a Igreja na atualidade, de forma que o seu conteúdo, que não é obsoleto, faça sentido às grandes questões da humanidade.

A igreja emergente

IGREJA emergente. São Paulo: Edições Vida Nova, 24 nov. 2010. Disponível em: <https://www.youtube.com/watch?v=FMToZU6oqdI>. Acesso em: 3 abr. 2015.

Alguns vídeos são de extrema importância para que possamos conhecer mais a respeito do movimento emergente e suas implicações para a eclesiologia contemporânea. Sugerimos esse vídeo, produzido pela Editora Vida Nova, no qual o reverendo Mauro Meister e o pastor Sandro Baggio conversam sobre a visão de Donald Arthur Carson a respeito da igreja emergente.

JOHN Piper: a igreja emergente. Los Angeles: Voltemos ao Evangelho; Desiring God, 28 fev. 2010. Disponível em: <https://www.youtube.com/watch?v=-Znky32IaGE>. Acesso em: 3 abr. 2016.

Nesse vídeo, John Piper faz uma crítica à igreja emergente, cuja realidade ele considera absolutamente desvanecida.

MEISTER, M. Igreja emergente, a igreja do pós-modernismo? Uma avaliação provisória. **Fides Reformata**, n. 1, v. XI, p. 95-112, 2006. Disponível em: <http://www.mackenzie.br/fileadmin/Mantenedora/CPAJ/revista/VOLUME_XI__2006__1/mauro.pdf>. Acesso em: 3 abr. 2016.

A leitura e a análise de alguns artigos acadêmicos também são excelentes opções para nos inteirarmos sobre o assunto. Esse artigo de Mauro Meister faz uma análise do movimento emergente e de suas principais influências e tenta definir esse movimento, bem como a sua filosofia e características mais importantes.

RIBAS, M. **O que é a igreja emergente?** Uma breve introdução. Disponível em: <http://minhateca.com.br/diegopcruz/Pastas+de+Arquivos+Teol *c3*b3gicos/Evang*c3*a9lico/Doutrinas/O+que+*c3*a9+Igreja+Emer gente+Introdu*c3*a7*c3*a3o+-+Rev.+M*c3*a1rio+Ribas,110883085. pdf>. Acesso em: 3 abr. 2016.

Esse artigo do reverendo Mário Ribas trata sobre a nova proposta do movimento emergente em fazer igreja na atualidade.

Atividades de autoavaliação

1. Marque a alternativa correta:
   a) Igrejas emergentes não têm identificação com Cristo.
   b) A ideia do termo *emergente* pode ser compreendida com base no contexto histórico de *emergir*.
   c) As igrejas emergentes, assim como as igrejas missionais, fazem grande distinção entre o santo e o profano.
   d) A *igreja emergente* ou *emerging church*, como é conhecida nos Estados Unidos da América, é uma antiga tendência eclesiológica que remonta às décadas de 1960 e 1970.

2. Marque a alternativa correta:
   a) No Brasil ainda não existe qualquer igreja com características emergentes.
   b) A igreja emergente é vista como fruto da força da pós-modernidade no mundo contemporâneo, e tende a provocar o povo de Cristo a aderir a uma nova cultura eclesiológica que seja mais apropriada às necessidades de nosso tempo.
   c) O termo *emergente* é similar ao termo *neopentecostal*.
   d) A igreja emergente tem demonstrado sua maior força dentro dos ambientes pentecostais.

A igreja emergente

3. Marque a alternativa correta:
   a) A igreja emergente questiona a teologia do cristianismo contemporâneo.
   b) A igreja emergente é radical em três frentes muito particulares: condenar o tradicionalismo, condenar o pentecostalismo e criticar as ideias neopentecostais.
   c) A igreja emergente tende a reexaminar o que a igreja fez até aqui, não somente modificando o "como se faz as coisas".
   d) A igreja emergente é uma igreja voltada ao público elitizado das grandes cidades.

4. Marque a alternativa correta:
   a) A igreja emergente tem como foco lançar novas luzes sobre a questão das teologias surgidas nos últimos anos.
   b) O foco de uma igreja emergente está em se adequar a uma metodologia sem, necessariamente, constituir uma tática inovadora condizente com a mensagem bíblica.
   c) A igreja emergente anuncia a mensagem e a fé em Cristo a fim de ganhar o respeito da coletividade, visando angariar a simpatia do povo.
   d) É perceptível que a liderança da igreja emergente tem se demonstrado irresponsável.

5. Marque a alternativa correta:
   a) Uma igreja emergente tem como objetivo compreender o mundo moderno e se comprometer com as pessoas de pensamento moderno.
   b) A igreja emergente não se preocupa em buscar uma compreensão do mundo pós-moderno.

c) Arquitetar ou repensar uma igreja emergente sugere lembrar-se das particularidades do movimento missional.

d) Um dos principais julgamentos que estão presentes numa igreja emergente é a procura por velhas formas de comunicação, visando aplicá-las ao tempo presente.

Atividades de aprendizagem

Questões para reflexão

1. Reflita e escreva sobre as implicações do movimento emergente.

2. Explique o que a igreja emergente entende sobre a diferenciação entre o sagrado e o profano.

Atividade aplicada: prática

Elabore, de acordo com a sua impressão pessoal, um quadro comparativo com os pontos positivos e os pontos negativos da igreja emergente.

capítulo cinco

A igreja orgânica[1]

---
1 Todas as passagens bíblicas indicadas neste capítulo são citações de Bíblia (2002).

É muito difícil explicar o conceito de **igreja orgânica** para quem não faz parte de uma igreja orgânica ou nunca foi membro de uma. Ela não é um modelo de igreja, mas um conceito de igreja. No entanto, existem algumas características que podem ser perfeitamente observadas e que se distinguem de outras formas de igreja. São essas peculiaridades que estudaremos neste Capítulo.

O escritor Neil Donald Cole[2] relata em um dos seus livros que a igreja orgânica apresenta os três princípios de abordagem da pregação paulina: o evangelho deve ser **recebido pessoalmente**;

---

2   **Neil Donald Cole** é um pastor norte-americano nascido em Los Angeles (Califórnia). Ele tem se destacado por sua atuação na implantação de igrejas reprodutoras ou igrejas multiplicadoras. Cole tem viajado ao redor do mundo anunciando o Reino de Deus e desenvolvendo igrejas e líderes cristãos. Ele é casado há mais de 30 anos e tem três filhos.

o evangelho deve ser **repetido facilmente**; e o evangelho deve ser **reproduzido estrategicamente** (Cole, 2007).

O evangelho deve ser recebido pessoalmente porque ele precisa causar uma transformação na vida e na alma do seu receptor. Ele também deve ser repetido com facilidade a ponto de uma pessoa poder entendê-lo em poucas linhas ou explicá-lo num papel de guardanapo. Também precisa ser reproduzido de maneira estratégica e multiplicadora, sem deixar de observar as particularidades de cada contexto.

5.1 Igreja orgânica e movimento emergente

De certa maneira, a igreja orgânica também pode ser entendida como uma igreja emergente, se considerarmos o fato de que ela tem emergido de um conceito e evoluído para outro diferente. Outro motivo que a aproxima da igreja emergente é o fato de ela não ser um modelo específico de igreja e também não ter o interesse em adotar um modelo com exclusividade.

No entanto, podemos dizer que o DNA de uma igreja orgânica apresenta diferenças em relação à igreja emergente, pois ela sempre caminhará na direção da verdade divina, da nutrição de relacionamentos e da apostolicidade da missão da igreja.

A definição mais completa e coerente de *igreja orgânica* é a dos autores Viola e Barna (2008, p. 31):

> *O termo igreja orgânica não se refere a um modelo particular de igreja (acreditamos que não existe um modelo perfeito). Pelo contrário, acreditamos que a visão neotestamentária da igreja é orgânica. Uma igreja orgânica é expressão comunal, viva, pulsante, dinâmica, mutuamente participante, funcionando em todos os membros, cristocêntrica, do corpo de Cristo [...].*

A igreja orgânica

5.2 Características da igreja orgânica

Entre suas características, a igreja orgânica, primeiramente, diferencia-se pela sua forma de ser igreja. Tal como o corpo humano expressa a forma de vida de um homem, a igreja orgânica expressa o seu jeito de ser por meio de seus **relacionamentos**. Ela não é sustentada por cargos, funções, estatutos, regimentos ou clérigos e valoriza o forte relacionamento entre as pessoas que amam a Jesus Cristo.

Outra questão importante é a **ausência do clero** nesse tipo de igreja. A igreja orgânica não é uma igreja clerical, como muitas outras. Ela parte do pressuposto de que nenhum cristão é leigo, pois Cristo capacita a todos para o exercício de seus dons.

Luciano Silva (2009, p. 131) conceitua *igreja orgânica* e, ao mesmo tempo, a caracteriza da seguinte forma:

> *O conceito de igreja orgânica difere em vários aspectos dos modernos sistemas e estatutos das igrejas institucionais. Enquanto de um lado, principalmente nestes últimos dias, é buscado com muito afinco através de "poderosas campanhas de avivamento", pelo sobrenatural, e por lotar os seus megatemplos; a igreja orgânica busca viver sim este sobrenatural, porém jamais deixando de viver o supernatural. O que quero dizer com isso é que buscamos o "mais de Deus" no ambiente onde a vida acontece, isso significa diariamente, logo não nos limitamos a uma data específica, um encontro pré-agendado, um congresso ou seja o que for. Temos descoberto a grandeza do Pai nos ensinando dia após dia através de coisas comuns do nosso cotidiano. Os pequenos detalhes, quase que imperceptíveis, carregam os maiores e mais profundos ensinamentos de Deus para o homem.*

As igrejas orgânicas também são bastante permissivas naquilo que diz respeito à participação nas reuniões da igreja. Os membros são desafiados a atuar em funções que, em outro sistema, possivelmente só poderiam ser exercidas por leigos.

Frank Viola[3], um dos líderes e defensores da igreja orgânica, escreve que esta deve nascer da atuação do Espírito Santo, e não da vontade humana ou da vontade de instituições (Viola, 2009). Já Cole (2007) aponta que a principal característica de uma igreja orgânica é o fato de ela ser **estruturada em células**. Para ele, trata-se de uma igreja desinstitucionalizada.

5.2.1 O que a igreja orgânica nos ensina?

Em primeiro lugar, a igreja orgânica nos ensina a valorizar as células ou os grupos familiares. É preciso reconhecer que a igreja em células é um movimento capaz de proporcionar alimento e pastoreio para todo o rebanho – tanto um rebanho pequeno quanto uma megaigreja.

> *Pelo fato de a igreja ser um Corpo, grupos pequenos destacam-se por desfrutarem de verdadeira comunhão. Multidões seguiam Jesus, mas Ele separou apenas alguns para intensificar esta comunhão. Nestes últimos anos a igreja, por um lado, conseguiu avançar ao identificar esta verdade, mas por outro, a exemplo dos primeiros reformadores, mudaram apenas algumas mobílias. Ao meu ver erram pelo desesperado desejo de formação de líderes ostentando mais uma vez a obra dos Nicolaítas, alimentando o orgulho no coração daqueles que se destacam dentro de suas "células".* (Silva, 2009, p. 71)

---

3   **Frank Viola** é um escritor e blogueiro norte-americano, autor e coautor de diversos livros sobre os movimentos da igreja orgânica e da igreja missional.

A igreja orgânica   123

A igreja orgânica nos ensina **a ir** aonde as pessoas estão, e não a ficar esperando que elas venham até a igreja. Ela nos ensina a dar **atenção particular** às pessoas, e não a tratá-las "no atacado", e a **desburocratizar a igreja** para alcançarmos as pessoas, além de nos orientar no sentido de que a igreja precisa responder aos questionamentos da cultura pós-moderna.

As igrejas orgânicas não possuem lideranças nos moldes hierárquicos e não se baseiam em rituais e programas previamente pensados.

Outra coisa a ser aprendida com a igreja orgânica é seu **compromisso com a Trindade**, o amor mútuo, a comunhão, a dependência mútua, a honra e a submissão a Deus e às pessoas, tão necessárias à igreja da atualidade. As igrejas orgânicas não apresentam lideranças nos moldes hierárquicos nem se baseiam em rituais e programas previamente pensados.

5.2.2 A participação dos membros

A igreja orgânica encoraja o membro a ser um ministro ativo e a exercer o sacerdócio universal dos crentes. Assim, nas reuniões e nos cultos de uma igreja orgânica, a atuação dos leigos é valorizada. Essa atitude da igreja em relação aos membros acaba provocando uma união maior entre eles, já que ela também se mantém unida em função de Cristo, e não mediante um conjunto de doutrinas ou tradições a serem respeitadas.

Como já vimos, a igreja é sustentada pelos relacionamentos e não existe um clero que receba remuneração. Os recursos financeiros arrecadados pela igreja são investidos no trabalho missionário e na ajuda aos pobres. Como a igreja não depende de uma estrutura física, geralmente também não há gastos relacionados a isso.

O relacionamento entre os membros se dá por meio de uma vida compartilhada em Cristo Jesus, razão por que eles são fortemente

Eclesiologia contemporânea: construindo igrejas bíblicas

unidos. Por causa dessa união familiar, eles se conhecem profundamente, pois compartilham momentos de comunhão e também o pão nas refeições – ou seja, eles não se veem apenas nos momentos de culto, mas constantemente.

5.2.3 A visão da igreja orgânica

A **ideia** e a **visão** da igreja orgânica são: crescer por meio dos relacionamentos. A igreja cresce porque atrai pessoas; e pessoas, costumeiramente, atraem mais pessoas. Não há ênfase em campanhas evangelísticas, já que o foco está em fazer com que o membro evangelize com sua própria vida e suas ações.

Todavia, embora o foco não esteja no evangelismo formal, é possível que duas ou três pessoas possam evangelizar propositalmente alguém. Como a igreja se reúne nas casas, quando uma célula cresce muito é preciso que ela se multiplique. Do contrário, não caberiam todas as pessoas dentro de um ambiente caseiro, o qual, via de regra, não é grande.

A visão da igreja é a de ser um organismo vivo – não estático, mas dinâmico. As pessoas não costumam "ir à igreja", já que elas "são a igreja". Elas não precisam de um templo ou de um espaço físico grande, já que seus locais de reunião são as próprias casas de seus membros.

Teologicamente, essa visão da igreja está baseada no texto bíblico que diz que onde estiverem dois ou três reunidos em nome de Jesus, ali Ele estará presente. Vale ressaltar que, embora seja uma igreja que se reúne nas casas, é possível que existam momentos de reunião em grandes espaços (auditórios, chácaras etc.), principalmente em ocasiões nas quais várias igrejas orgânicas se reúnem.

A igreja orgânica

5.3 Os objetivos da igreja orgânica

O foco da igreja está em ter Cristo Jesus corporativamente. A igreja não está preocupada em ter um prédio físico, tampouco está focada na frequência de seus membros aos cultos. Dessa maneira, ela não precisa se preocupar com questões administrativas, como um planejamento orçamentário anual ou mensal. O objetivo da igreja orgânica não é apenas realizar culto, embora este seja parte vital da comunhão (Viola; Barna, 2008).

A igreja, geralmente, não tem um calendário anual, o que facilita o processo decisório. As decisões são tomadas por poucas pessoas, pois o próprio ambiente caseiro não permite que a igreja local seja muito grande – uma vez que, quando cresce, ela se multiplica.

As decisões devem sempre ser tomadas em consenso por todos; ou seja, enquanto não houver consenso, o assunto não é plenamente resolvido. Nesse sentido, até mesmo as decisões que normalmente são de cunho pastoral são resolvidas de maneira unânime.

Tanto os ordenados como o conselho de ministros participam do processo decisório. A liderança da igreja surge em meio ao corpo de fiéis. No início da igreja, os seus plantadores e fundadores equipam ou treinam os fiéis para que eles venham a se tornar presbíteros e supervisores.

5.3.1 O lugar dos dons espirituais

Os dons espirituais são vistos como *funções*, e não como *ofícios*. Eles devem surgir com o tempo, de maneira orgânica e natural. Assim, uma mesma igreja local pode ter um número variado de pastores

Eclesiologia contemporânea: construindo igrejas bíblicas

e presbíteros. São considerados *pastores* aqueles membros que cuidam do rebanho e possuem o dom do pastoreio de pessoas.

Geralmente, os pastores de uma igreja orgânica não são ordenados como tal, mas reconhecidos pelo seu amor, pela sua integridade, pela sua sabedoria e também pelo seu conhecimento bíblico. Enfim, eles são reconhecidos como pastores em virtude da vida que levam.

5.4 Igreja institucional *versus* igreja orgânica

O escritor e pastor norte-americano Erwin Raphael McManus[4], pastor da Mosaic Church (Los Angeles), diz acertadamente que a igreja não é uma organização, mas um **organismo** (McManus, 2009). Ele está absolutamente correto em sua afirmação, mas o problema é que grande parte dos cristãos não têm nem ideia do que isso significa.

Frank Viola (2009) diz que esse conceito já se tornou um chavão entre os cristãos – que, na verdade, não o vivem na prática. Para ele, a experiência dentro do Corpo de Cristo deve ser capaz de brotar da vida com Deus, e não de métodos organizacionais humanos.

Ele aponta que a igreja neotestamentária era absolutamente orgânica, pois surgiu de uma vida espiritual, ao contrário de muitas igrejas, que são construídas por mentes humanas. É por esse motivo que é preciso saber distinguir uma igreja **institucionalizada** de uma igreja **orgânica**.

---

4 **Erwin Raphael McManus** é escritor, pastor e ativista social de grande prestígio dentro e fora dos Estados Unidos. Ele é líder da Mosaic, um ministério cristão alternativo sediado em Los Angeles, e se define como um "arquiteto cultural" ou um "ambientalista espiritual".

A igreja orgânica

5.4.1 Organização *versus* organismo

Numa igreja institucional, a forma define a vida da igreja. Uma igreja institucional atua por meio de clérigos, cargos, programas e rituais. É comum, nessa igreja, a presença de um clérigo ou ministro profissional que se empenha em entusiasmar os leigos.

Na igreja institucional, alguns cargos ou funções são inerentes apenas aos clérigos ou ordenados e os congregantes são mantidos em atitude passiva durante os cultos. Os cultos, por sua vez, geralmente ocorrem num domingo, em um espaço físico que, muitas vezes, é tido como a própria igreja.

As igrejas institucionais estão geralmente vinculadas a uma denominação específica, que dita um conjunto de regras, doutrinas ou dogmas. Os programas são, geralmente, o sustento de uma igreja institucional. Quanto à questão financeira, ela depende das finanças para sobreviver.

Boa parte dos investimentos financeiros de uma igreja institucional são destinados à estrutura física e ao sustento dos clérigos e assalariados. A liderança é hierárquica e as decisões são tomadas por um conjunto de clérigos ou por um conselho.

O pastor é o líder e ministro da igreja, e existe uma forte ênfase na frequência aos cultos de domingo e nas finanças que sustentam a igreja. Geralmente, o que ocorre a cada semana na igreja é um ritual que já acontece há muitos anos.

Numa igreja institucional, é comum confundirem *dons* com *cargos* e muito comum os membros de uma mesma igreja local não se conhecerem, justamente porque só se veem durante – ou só frequentam – um culto por semana e, por vezes, em horários diferenciados.

A igreja orgânica, por sua vez, é formada com base na vida da igreja, o que a torna muito mais eficaz. Nela não há clérigos ou ministros nem ocorre uma distinção de classes. Todos os membros

Eclesiologia contemporânea: construindo igrejas bíblicas

são sacerdotes atuantes que vivem em comunhão, se conhecem bem e se veem como parte de uma grande família.

Os dons são vistos como *funções*, e não como *cargos*. Por esse motivo, é incomum os membros de uma igreja orgânica carregarem ou ostentarem títulos (como o de *pastor*, por exemplo). Nesse sentido, leva-se em conta o sacerdócio de todos os crentes, ainda que nem todos tenham sido chamados a exercer a função de pastor.

Todos os membros têm o direito de participar das reuniões deliberativas porque fazem parte da igreja; ou seja, **eles são a igreja** e vivem em uma comunhão que gira em torno de Cristo Jesus. A igreja orgânica não depende de edifícios e prédios nem de pastores clérigos e assalariados. As arrecadações são gastas em obras de ação social e em projetos missionários. Viola e Barna (2008) defendem que, ao contrário de uma igreja institucional, a igreja orgânica não seja construída com base em programas e rituais, mas por meio do relacionamento existente entre as pessoas.

A igreja orgânica não tem rituais ou programas semanais específicos; sua ênfase é buscar a Jesus coletivamente, para que todas as outras experiências possam derivar da experiência com Cristo. É por isso que, na igreja orgânica, existe uma pluralidade de pastores que cuidam do rebanho de Cristo.

5.4.2 A igreja orgânica e o desafio eclesiástico

O grande desafio da igreja orgânica é o de não ser uma igreja institucionalizada. Nesse sentido, é uma comunidade de discípulos de Cristo que desejam se edificar mutuamente na fé em Jesus para servir uns aos outros, ajudar os necessitados, comer juntos e adorar a Deus coletivamente.

A igreja orgânica tem como alvo viver de acordo com os princípios e as práticas neotestamentárias. Assim, ela se reúne nos lares

A igreja orgânica

de seus membros, embora não seja proibido se reunir em outros ambientes. Sendo assim, existe o desafio de multiplicar a igreja quando ela atingir um determinado número de participantes.

Em grupos familiares que crescem, é muito comum o desejo de não se multiplicarem. Isso ocorre porque, à medida que o tempo passa, o vínculo entre as pessoas cresce tanto que elas podem não desejar se separar.

Outro grande desafio da igreja orgânica é o de formar líderes maduros na fé e que não anseiem em se tornar clérigos profissionais. Eles devem atender às características pastorais presentes nos textos paulinos em I Timóteo, 3 e também em Tito, 1; 2, a saber:

> *É preciso, porém, que o epíscopo seja irrepreensível, esposo de uma única mulher, sóbrio, cheio de bom senso, simples no vestir, hospitaleiro, competente no ensino, nem dado ao vinho, nem briguento, mas indulgente, pacífico, desinteresseiro. Que ele saiba governar bem a sua própria casa, mantendo os seus filhos na submissão, com toda dignidade. Pois se alguém não sabe governar bem a própria casa, como cuidará da Igreja de Deus?* (I Timóteo, 3: 2-5)

> **Instituição dos presbíteros** – *Eu te deixei em Creta para cuidares da organização e ao mesmo tempo para que constituas presbíteros em cada cidade, cada qual devendo ser, como te prescrevi, homem irrepreensível, esposo de uma única mulher, cujos filhos tenham fé e não possam ser acusados de dissolução nem de insubordinação. Porque é preciso que, sendo ecônomo das coisas de Deus, o epíscopo seja irrepreensível, não presunçoso, nem irascível, nem beberrão ou violento, nem ávido de lucro desonesto, mas seja hospitaleiro, bondoso, ponderado, justo, piedoso, disciplinado, de tal modo fiel na exposição da palavra que seja capaz de ensinar a sã doutrina como também de refutar os que a contradizem.* (Tito, 1: 5-9)

Deveres particulares de certos fiéis – Quanto a ti, fala do que pertence à sã doutrina. Que os velhos sejam sóbrios, respeitáveis, sensatos,
fortes na fé, na caridade e na perseverança. (Tito, 2: 1-2)

Esses são apenas alguns dos textos que dão à igreja orgânica
a correta interpretação do que líderes e pastores precisam entender: a liderança não pode ser exercida de maneira dominadora e hierárquica, mas com amor e respeito, sempre valorizando a participação de todos e sem se acomodar com uma liturgia fixa e estática.

Em termos litúrgicos, uma igreja orgânica tem o desafio de
adorar a Deus por meio da música, das orações, dos estudos bíblicos, do compartilhamento das experiências e do partir do pão. Já
no aspecto da arrecadação financeira, grande parte das igrejas
orgânicas não recebe dízimos, mas realiza arrecadações e angaria
ofertas para ajudar os necessitados e para a realização de projetos
de interesse social.

5.5 O que não é uma igreja orgânica?

Há muita confusão sobre o que verdadeiramente é uma igreja orgânica. Existem pessoas
que acreditam que ela é uma mini-igreja; outros
pensam que é uma igreja exclusivista; e ainda
há aqueles que creem que a igreja orgânica é
baseada apenas em um sistema de células, o
qual, geralmente, tem um caráter multiplicador.

Como muitas igrejas na atualidade podem
ser confundidas com uma igreja orgânica, eis

*A liderança não pode
ser exercida de maneira
dominadora e hierárquica,
mas com amor e respeito,
sempre valorizando a
participação de todos, e
sem se acomodar com uma
liturgia fixa e estática.*

A igreja orgânica 131

aqui alguns esclarecimentos que podem facilitar uma melhor compreensão do que **não** é igreja orgânica.

5.5.1 A igreja orgânica não é uma mini-igreja

Uma igreja orgânica não é uma mini-igreja institucionalizada. Ela não é uma igreja com uma estrutura hierárquica pequena e não tem características litúrgicas de um miniculto. Há grupos que se reúnem nos lares que podem ser confundidos com igrejas orgânicas.

Uma mini-igreja, por exemplo, tem um pastor ou um clérigo local e um grupo de irmãos leigos. Ela segue uma estrutura rígida, muito parecida com a de uma igreja institucional. Geralmente, o momento de louvor e de adoração a Deus é conduzido por um ministro de louvor e os momentos de pregação ou mensagem são realizados por um pastor.

Em alguns casos, as mini-igrejas tendem a reunir pessoas magoadas e decepcionadas com alguma outra igreja ou denominação. Talvez por isso procurem imitar os mesmos métodos utilizados por uma igreja formal, já que é esse o tipo de igreja que seus frequentadores conhecem.

5.5.2 A igreja orgânica não é uma igreja exclusivista

A igreja exclusivista é um tipo danoso de igreja no lar. Ela se chama *exclusivista* porque entende que somente os seus membros são salvos. Na ótica dela, os frequentadores de uma igreja institucional vão passar a eternidade no Inferno. Obviamente, uma igreja orgânica vai na contramão desse tipo de igreja.

A teologia praticada pela igreja orgânica é capaz de enxergar os membros dos muitos modelos de igreja existentes como salvos em Cristo, ainda que não pertencentes a uma mesma igreja local. Na verdade, a política de relacionamentos da eclesiologia orgânica é bastante inclusivista.

5.5.3 A igreja orgânica não é uma igreja em células

A igreja em células é uma igreja institucionalizada que trabalha com grupos pequenos ou células familiares. É uma igreja que congrega seus membros e frequentadores em um culto público semanal e, durante a semana, também proporciona cultos a pequenos grupos desses membros ou frequentadores em suas residências.

Esse tipo de igreja é baseado na amizade e na comunhão entre seus membros, razão pela qual é extremamente relacional, já que os relacionamentos são priorizados. No entanto, ela não congrega todas as características de uma igreja orgânica justamente por ser uma igreja institucionalizada.

5.5.4 A igreja orgânica não é uma igreja multiplicadora

Uma igreja multiplicadora enfatiza o crescimento numérico e a multiplicação de igrejas a partir dela mesma, cumprindo, assim, a grande comissão deixada por Jesus Cristo por meio da realização de reuniões nos lares. Ela exalta o crescimento quantitativo e a descentralização organizacional e, em geral, realiza suas reuniões com foco evangelístico.

No Capítulo a seguir, iniciaremos o estudo sobre a igreja brasileira. Logo, findamos aqui a análise das tendências que são difundidas em diversos lugares fora do Brasil. Agora, a atenção se voltará

A igreja orgânica

às diferentes ênfases dadas aos diversos modelos eclesiológicos presentes no país.

Síntese

A igreja orgânica é uma igreja que se reúne nos lares, embora nem toda igreja que se reúna em lares seja orgânica. Ela tem por objetivo ajudar os irmãos que têm em seus corações o desejo de participar de uma igreja com características neotestamentárias, como nos tempos do primeiro século.

Ela não é uma mini-igreja, não é exclusivista e não é, necessariamente, uma igreja em células ou uma igreja multiplicadora, pois todas essas possuem suas particularidades específicas. O alvo de uma igreja orgânica é viver de acordo com os princípios e as práticas neotestamentárias.

Indicações culturais

A VILA. Direção: M. Night Shyamalan. EUA: Buena Vista Pictures, 2004. 107 min.

Esse filme evidencia o domínio do sistema religioso institucionalizado na vida das pessoas.

EQUIORGANICA. **O que é igreja orgânica?** 18 maio 2014. Disponível em: <https://www.youtube.com/watch?v=jYv9Ph96Grg>. Acesso em: 3 abr. 2016.

Esse vídeo explica o conceito de igreja orgânica e também sua eficácia no mundo de hoje.

HOLCOMB, J. **Uma crítica de Cristianismo pagão**. nov. 2009. Disponível em: <http://reforma21.org/wp-content/uploads/2010/03/Uma-Cr%C3%ADtica-de-Cristianismo-Pag%C3%A3o.pdf>. Acesso em: 3 abr. 2016.

Esse artigo, escrito pelo PhD Justin Holcomb, faz uma crítica ao livro *Cristianismo pagão*, de Frank Viola, um dos principais defensores da igreja orgânica.

IGREJA ORGÂNICA SIMPLES. **Igreja orgânica simples de atos – Hoje como fazer?** jun. 2013. Disponível em: <https://www.youtube.com/watch?v=qjDMdOMmUTw>. Acesso em: 3 abr. 2016.

Esse vídeo explica como é possível deixar as tradições humanas e voltar ao cristianismo simples, exposto no Novo Testamento.

LIMA, G. **Migrando da igreja institucional para a orgânica**. 2008. Disponível em: <http://www.gruponews.com.br/site/wp-content/uploads/2010/09/gerson-lima_igreja-organica.pdf>. Acesso em: 3 abr. 2016.

Nesse artigo, Gerson Lima fala sobre como fazer a **transição** de uma igreja institucional para uma igreja orgânica.

PERSONA, M. J. B. **Você pertence ao movimento da igreja orgânica simples?** jul. 2014. Disponível em: <https://www.youtube.com/watch?v=sOSCow3hBOc>. Acesso em: 3 abr. 2016.

Nesse vídeo, o palestrante e consultor de comunicação Mario José Buzolin Persona fala sobre a confusão entre o conceito de igreja orgânica e outros movimentos.

A igreja orgânica

RAMOS, A. **Desmontando o modelo da igreja evangélica (igreja orgânica)**. fev. 2014. Disponível em: <https://www.youtube.com/watch?v=awWSdN4r6tY>. Acesso em: 3 abr. 2016.

Nesse vídeo, o professor Ariovaldo Ramos explica as eclesiologias bíblicas da igreja evangélica orgânica.

RODRIGUES, E. **Entendendo o princípio da igreja orgânica**: Parte 2. jan. 2015. Disponível em: <https://www.youtube.com/watch?v=yfq1N1CkXMQ>. Acesso em: 3 abr. 2016.

Essa série de palestras trata sobre os princípios bíblicos e sobre o funcionamento da igreja orgânica.

RODRIGUES, E. **Saindo da igreja institucional para a igreja orgânica**: Parte 1. Rio Claro, SP, 2014. Palestra proferida no Seminário Vida no Espírito. Disponível em: <https://www.youtube.com/watch?v=CSUQ0jd5efo>. Acesso em: 3 abr. 2016.

Essa palestra do pastor Eber Rodrigues trata sobre a **transição** de uma igreja institucionalizada para uma igreja orgânica.

Atividades de autoavaliação

1. Marque a alternativa correta:
   a) A igreja orgânica é um *modelo* de igreja, e não um *conceito* de igreja.
   b) A igreja orgânica discorda da abordagem da pregação paulina.
   c) A igreja orgânica é uma igreja que se reúne nos lares, embora nem toda igreja que se reúna em lares seja orgânica.
   d) Toda igreja em células é uma igreja orgânica.

2. Marque a alternativa correta:
   a) A igreja orgânica não pode ser considerada uma igreja emergente, pois não tem emergido de um conceito e evoluído para outro.
   b) A igreja orgânica valoriza o forte relacionamento entre a Igreja e outras instituições eclesiásticas, como as convenções, juntas e sínodos.
   c) Uma igreja orgânica deve ser originada da atuação do Espírito, e não da ambição humana ou da pretensão de instituições.
   d) As igrejas orgânicas costumam se reunir nas casas durante a semana e no templo nos finais de semana.

3. Marque as proposições verdadeiras. Depois, escolha a alternativa correta:
   I) A igreja orgânica nos instrui que, para conseguir alcançar os pós-modernos, é preciso burocratizar o *ser igreja*.
   II) A igreja orgânica nos instrui a ir aonde as pessoas estão, e não a ficar esperando que as pessoas venham até a igreja.
   III) As igrejas orgânicas têm lideranças hierárquicas e se fundamentam em cerimoniais e programas antecipadamente elaborados.
   IV) A igreja orgânica nos instrui a dar atenção particular às pessoas, e não a tratá-las "no atacado".
   a) I e II estão corretas.
   b) I e III estão corretas.
   c) II e III estão corretas.
   d) II e IV estão corretas.

A igreja orgânica

4. Assinale a alternativa correta:
   a) As reuniões de uma igreja orgânica são dirigidas por um pastor consagrado e ordenado ao ministério pastoral.
   b) A igreja orgânica se mantém unida em função de um conjunto de doutrinas e dogmas a serem observados.
   c) As igrejas orgânicas geralmente têm um pastor ou um ministro que recebe remuneração da igreja para exercer seu ministério em tempo integral.
   d) A igreja orgânica encoraja o membro a ser um ministro ativo e a exercer o sacerdócio universal dos crentes.

5. Sobre a igreja orgânica, assinale com **F** para falso e **V** para verdadeiro as proposições a seguir e, depois, marque a alternativa que contém a sequência correta:
   ( ) Embora a ênfase da igreja não esteja no evangelismo formal, é possível que duas ou três pessoas possam evangelizar propositalmente alguém.
   ( ) A visão da igreja é a de ser um organismo vivo não estático, mas dinâmico.
   ( ) A visão da igreja é sempre procurar um espaço amplo e grande para a realização de suas reuniões.
   ( ) Os dons espirituais são vistos como ofícios.
   a) V, V, F, F.
   b) V, F, V, F.
   c) V, F, F, V.
   d) F, F, F, F.

Atividades de aprendizagem

Questões para reflexão

1. Redija um texto destacando o papel dos dons espirituais em uma igreja orgânica.

2. Após a leitura do Capítulo, escolha a seção que considerar mais importante e justifique sua indicação.

3. Explique as diferenças entre a igreja institucional e a igreja orgânica.

Atividade aplicada: prática

De acordo com as informações contidas neste Capítulo, quais são os principais objetivos da igreja orgânica?

capítulo seis

A igreja evangélica brasileira[1]

---

1 Todas as passagens bíblicas indicadas neste capítulo são citações de Bíblia (2002).

Definir *igreja brasileira* é outro desafio de grandes proporções. Primeiro, pelas próprias dimensões territoriais de que é dotado o nosso país; de norte a sul, de leste a oeste, temos uma infinidade de culturas, costumes e características ambientais extremamente distintas. Segundo, porque o próprio ambiente evangélico é marcado por uma diversidade sem tamanho.

No entanto, parece ser plausível que entendamos como *igreja brasileira* aquela que, sendo fortemente influenciada pela modernidade, está sempre acompanhando o compasso da contemporaneidade. Nesse contexto, optamos nesta obra por discorrer a respeito da opinião de alguns dos principais pastores, estudiosos e pesquisadores do tema. Antes disso, no entanto, vamos discutir a influência que a igreja evangélica brasileira recebeu ao longo dos anos (especialmente da igreja americana) e que tem afetado, até os nossos dias, o ambiente eclesial brasileiro.

6.1 A influência da igreja norte--americana sobre a igreja brasileira

É notável que a igreja evangélica brasileira tem recebido, ao longo dos anos, forte influência da igreja norte-americana. Prova disso é o fato de que muitas denominações aqui presentes foram implantadas por norte-americanos.

Ainda hoje é possível notar que boa parte da literatura evangélica vem da América do Norte e é traduzida para o português brasileiro antes de chegar às nossas igrejas. Também é perceptível que vários dos pastores e líderes brasileiros têm se inspirado tanto nos pastores norte-americanos quanto nas igrejas dos Estados Unidos. Na verdade, muitos pastores e líderes locais têm seguido o exemplo ministerial de pastores norte-americanos.

A área musical é outro exemplo disso. Muitas das músicas que cantamos na igreja brasileira são composições americanas, o que acaba afetando diretamente a forma litúrgica utilizada pela igreja brasileira. Isso sem falar nas formas e nos métodos evangelísticos utilizados no Brasil, os quais, por vezes, são adaptáveis ao contexto brasileiro e, em outros casos, são totalmente inadequados para a cultura nacional.

Essa é a razão por que é difícil definir a igreja evangélica brasileira. Ela é composta por uma influência multiforme vinda do exterior, somada às mais variadas formas de culto, adoração e religiosidade que o povo brasileiro adquiriu desde os tempos do Brasil Colônia.

A seguir, destacamos a opinião de alguns dos principais pastores de relevância em nível nacional. Eles se propuseram, ao longo dos últimos anos, a escrever livros e artigos emitindo suas opiniões a respeito da igreja brasileira.

6.2 A igreja brasileira na visão de Ricardo Agreste da Silva

Na visão do pastor brasileiro Ricardo Agreste da Silva[2], a igreja brasileira se caracteriza como uma **comunidade missional**, ou seja, uma comunidade que cumpre os pré-requisitos dispostos nos livros de Mateus (28: 19-20) e de Atos dos Apóstolos (1: 8). Ele alega que a igreja deve ser uma comunidade de discípulos de Cristo engajados na missão de fazer novos seguidores dele (Agreste da Silva, citado por Amorese, 1998, p. 18).

Agreste da Silva (2007) afirma que, para uma comunidade ser considerada missional, ela precisa ser uma igreja que batiza em nome do Pai, do Filho e do Espírito Santo e que ensina as pessoas a obedecer a tudo o que Jesus ordenou. Nesse sentido, parece-nos que a maioria das igrejas evangélicas brasileiras se enquadram nesse perfil.

Igreja, para Agreste da Silva (2007), é uma comunidade que cumpre o propósito divino de se permitir ser capacitada e orientada pelo Espírito Santo, ou seja, a igreja não pode ser estimulada ao isolamento, mas ao engajamento no mundo, com o intuito de alcançar novos discípulos para Cristo. O autor ainda afirma que uma igreja precisa cumprir o seu objetivo em diferentes lugares e culturas, a fim de romper fronteiras e fazer com que a mensagem de Jesus seja

---

2 **Ricardo Agreste da Silva** é graduado em Teologia e Filosofia, com mestrado em Missiologia Urbana pelo Seminário Teológico Calvino, em Michigan (EUA). Atualmente, reside em Campinas (SP), onde pastoreia a Comunidade Presbiteriana Chácara da Primavera. É coordenador do programa de pós-graduação em Plantação e Revitalização de Igrejas no Seminário Presbiteriano do Sul, sediado em Campinas. É um dos fundadores do Projeto Timóteo e do Centro de Treinamento de Plantadores de Igreja (CTPI) e docente do Instituto Haggai.

não somente ouvida, mas também compreendida e acolhida pelas pessoas (Agreste da Silva, 2007).

Considerando o pensamento de Agreste da Silva, podemos entender que *igreja* é toda comunidade que compreende a dinâmica missional de Jesus e se compromete com a ideia de fazer discípulos para Ele nos mais diferentes lugares, culturas e contextos.

6.3 A igreja brasileira na visão de Carlito M. Paes

Já o pastor Carlito M. Paes[3] entende que a igreja brasileira apresenta algumas características especiais. Ele defende a ideia de que uma igreja brasileira, para obter êxito na contemporaneidade, precisa apresentar algumas características principais e essenciais (Paes, 2003).

Para ele, uma igreja precisa ser fundamentada na Bíblia e ter líderes que verdadeiramente exerçam o dom de liderança, e que, ainda, sejam capazes de levar a igreja a seguir claramente a visão dada por Deus. Paes (2003) destaca que uma igreja também deve ter uma atitude vibrante, ser empreendedora e direcionada pelo Espírito Santo de Deus.

....

3   **Carlito M. Paes** nasceu em Macaé (RJ) e atualmente, vive na cidade de São José dos Campos, onde é pastor titular da Primeira Igreja Batista local. Paes é bacharel e mestre em Teologia pelo Seminário Teológico Batista do Sul do Brasil, localizado na cidade do Rio de Janeiro. É professor no Centro de Estudos Teológicos do Vale do Paraíba (Cetevap), membro do conselho do Ministério Caminhada Brasil e também presidente do conselho do ministério Propósitos, do qual é fundador.

A igreja evangélica brasileira

Outra questão importante abordada por Paes é a da **autoavaliação**. Para ele, uma igreja precisa estar sempre disposta a se desmontar e a montar-se novamente, de tempos em tempos, para atender com eficácia às necessidades de cada época. Ele diz que a igreja brasileira também deve priorizar a integração de leigos em sua liderança, bem como praticar o perdão e a aceitação e evangelizar as pessoas de modo não convencional.

Paes (2003) defende que a igreja precisa fazer com que seus membros venham a cultivar fortes relações entre si e que os novos membros precisam ser inseridos de forma direta na vida da igreja.

A respeito da individualidade de cada igreja, Paes (2003) defende a ideia de autonomia local e descarta a possibilidade de que uma igreja funcione dentro de uma metodologia de franquia. Especificamente sobre esse posicionamento de Paes (2003), podemos dizer que muitas das igrejas que são consideradas pela mídia brasileira como *evangélicas* não entram no conceito de *igreja evangélica brasileira*. Paes (2003) também defende a ideia de que a igreja brasileira precisa manter suas tradições sem se tornar tradicionalista e acata o conceito de que a liturgia da igreja deve estar adaptada à realidade de seus membros.

Em relação aos relacionamentos praticados dentro de uma igreja, Paes (2003) defende que a igreja precisa fazer com que seus membros venham a cultivar fortes relações entre si e que os novos membros precisam ser inseridos de forma direta na vida da igreja – ou seja, as pessoas precisam ser pastoreadas por intermédio de pequenos grupos e os seus ministérios devem ser desenvolvidos em equipe. Para que isso aconteça, as igrejas devem realizar treinamentos incansavelmente.

Finalmente, Paes (2003) defende que uma igreja brasileira relevante é aquela que tem boas práticas espirituais e cuja pregação é encorajadora e prática. Ele diz que a igreja precisa atuar por meio de ministérios, não mediante cargos e comissões. Para Paes (2003, o pastor precisa ser alguém disposto a exercer o ministério por um longo prazo e tirar grande proveito da mídia.

6.4 A igreja brasileira na visão de Marcílio de Oliveira Filho

O pastor Marcílio de Oliveira Filho[4] defende a tese de que uma das principais características da igreja brasileira é a **falta de preparo** de muitos líderes que atuam como responsáveis na área de adoração. Para ele, existe uma turbulência litúrgica que afeta diretamente a participação comunitária nos cultos durante o momento de louvor e adoração (Oliveira Filho, citado por Silva, 1996).

Ele aponta que é preciso haver uma conscientização de que o culto é importante e precisa ser bem planejado e bem preparado. Quando isso não ocorre, a colheita dos resultados pode ficar comprometida.

Em suma, sua interpretação é a de que é preciso valorizar o planejamento litúrgico, porque algumas comunidades locais não dão a devida atenção às questões ligadas à adoração por meio da música. A falta de preparo nessa área se dá tanto por questões tecnicamente musicais como por deficiências espirituais.

---

4 **Marcílio de Oliveira Filho**, falecido em 2005, foi pastor na Primeira Igreja Batista de Curitiba (PR), onde atuou como ministro de música. É reconhecido como um grande compositor, escritor, cantor e solista. Sua vida teve grande impacto no meio denominacional batista. Ele foi o idealizador do Congresso Louvação, que, na época de sua criação, visava à capacitação de músicos e pessoas envolvidos na área musical da igreja brasileira.

A igreja evangélica brasileira

6.5 A igreja brasileira na visão de Ariovaldo Ramos

O teólogo brasileiro Ariovaldo Ramos[5] diz que a igreja brasileira é uma igreja que nem sempre conhece a gravidade da situação em que a cidade se encontra. Ele defende que ela precisa **pesquisar a cidade** para poder entendê-la.

Em uma de suas falas, afirma:

> Muito se tem falado sobre a conquista da cidade para Cristo, entretanto, na maioria das vezes, a questão fica restrita à batalha de oração e à promoção de eventos. O que nem sempre é levado em consideração é a situação em que se encontra a cidade, ou seja, na maioria dos casos, pensamos que basta começar a interceder e, com base nisto, "bolar" as programações especiais. Contudo, na medida em que a situação da cidade não é levada em conta, corremos o risco de orar sem o devido encargo, por não saber ao certo a gravidade da situação. Fica-se sem saber direito o que pedir quando não se conhece o que nela mais atrai a ira de Deus, onde o diabo tem suas fortalezas, onde a igreja não está presente, o que aconteceu na sua história que a compromete espiritualmente. (Ramos, citado por Kraft; Kraft, 1995, p. 3)

Esse posicionamento crítico de Ariovaldo Ramos nos leva a pensar sobre a real necessidade de se pesquisar o contexto em que a

---

5 **Ariovaldo Ramos** foi presidente da Visão Mundial Brasil. É pastor batista, professor e conhecido defensor da teologia da missão integral como alternativa para a igreja evangélica brasileira. Em seus ensinos, valores como justiça, igualdade, equidade, valorização e oportunidades para os pobres estão sempre presentes. Ramos já atuou como missionário da Sepal (Servindo aos Pastores e Líderes) e, atualmente, faz parte da equipe pastoral da Igreja Batista Água Branca, em São Paulo, onde reside.

igreja atua. Isso parece não ser uma prática muito comum da igreja brasileira, a qual, via de regra, pouco acredita que para conquistar é preciso pesquisar.

6.6 A *Missio Dei* no contexto brasileiro

A igreja evangélica brasileira é praticamente uma igreja **urbana**, pois o crescimento dos evangélicos nas cidades tem sido um fenômeno claramente observável – a grande maioria dos evangélicos se encontra nas cidades.

Hoje, a maior parte da população do Brasil mora nas cidades, e não em regiões rurais. Se, há algumas décadas, a evangelização brasileira era baseada em métodos de evangelismo voltados para pessoas rurais, hoje ela deve ser pensada levando em conta o contexto urbano da maioria da população que vive no país.

Sobre esse fenômeno, o doutor Jorge Henrique Barro[6] (2003, p. 9) diz o seguinte:

> *O maior fenômeno da história mundial atualmente é a urbanização.*
>
> *A migração das pessoas para as cidades é um processo cada vez mais*

---

6   **Jorge Henrique Barro** é doutor e mestre em Teologia pelo Seminário Teológico Fuller (Califórnia, EUA) e bacharel em Teologia pelo Seminário Presbiteriano do Norte, em Recife (PE). Foi diretor da Faculdade Teológica Sulamericana (FTSA), em Londrina (PR), pastor auxiliar na Oitava Igreja Presbiteriana de Londrina e secretário-executivo da Fraternidade Teológica Latino-Americana no Brasil. Escreveu vários livros, entre eles: *Ações pastorais da igreja com a cidade*, *O pastor urbano* e *Uma igreja sem propósitos*. Atualmente, desenvolve pesquisa nas seguintes áreas: missão urbana, missões, Lucas-Atos, crescimento da igreja, eclesiologia, teologia latino-americana e teologia do ministério.

A igreja evangélica brasileira

crescente. [...] Muitos dos métodos e estratégias pastorais, daqueles que exercem o ministério pastoral no contexto urbano, continuam sendo rurais. [...] O Brasil é aproximadamente 85% urbano – isso significa que 85% da população brasileira vivem no contexto das cidades. [...] Faz-se necessário preparar pastores para o contexto urbano.

Por conta disso, a reflexão, a ação teológica, a ação missiológica e a ação pastoral da igreja precisam se voltar para as nossas cidades, o que requer novas abordagens de missão urbana. O problema é que os cristãos evangélicos nem sempre têm tido a facilidade de enxergar que o mundo está em um crescente urbano.

Sobre esse assunto, o professor Charles Van Engen[7] (citado por Barro, 2006, p. 12-13) faz o seguinte comentário:

> A igreja não é uma agência social, mas é significação social na cidade. A igreja não é o governo da cidade, mas Deus chamou-a para anunciar e viver o reino d'Ele em toda sua significação política. A igreja não é um banco, mas é uma força econômica na cidade e precisa buscar o bem-estar econômico da cidade. A igreja não é uma escola, mas Deus chamou-a para educar as pessoas da cidade quanto ao evangelho de amor, justiça e transformação social [...].

Analisando a posição de Engen, percebemos que a igreja precisa ser o agente de Deus para transformar a cidade. Ela precisa ter um amor apaixonado pela cidade, de tal maneira que venha a desenvolver novas estratégias para cumprir sua missão na urbe.

---

7   **Charles Van Engen** é professor de missões na Escola de Missões Mundiais do Seminário Teológico Fuller (Califórnia, EUA).

O desafio da igreja para fazer missão nos centros urbanos é o de fazê-la como resposta às necessidades da cidade. Não há qualquer sentido em imitar e importar métodos estrangeiros de missão, já que a Bíblia deve ser lida e interpretada como uma resposta à realidade das coisas (Engen; Tiersma, 1997).

6.7 A igreja como agente de transformação e crescimento

É certo que nunca se falou tanto em crescimento de igreja como nos últimos anos. De fato, a igreja tem crescido numericamente, mas não se pode garantir que esse crescimento numérico tenha uma relação direta com a transformação real na vida das pessoas.

O pastor Mário Antunes Scartezini Filho[8] (citado por McGravan, 2010) diz que o tempo atual é o tempo de *colheita*, e que essa palavra deve ser unânime a todos aqueles que se sentem desafiados a cumprir a Grande Comissão deixada por Jesus aos seus discípulos. No entanto, ele diz que essa tarefa deve ser feita de maneira estratégica (Scartezini Filho, citado por McGravan, 2010).

---

8   **Mário Antunes Scartezini Filho** foi coordenador nacional do Projeto Brasil 2010. É mestre pela Universidade Estadual de Campinas (Unicamp) e pelo Instituto Fuller, em Pasadena (Califórnia, EUA).

A igreja evangélica brasileira

Já o autor Donald McGavran[9] aponta que estamos vivendo a alvorada de missões. Sobre esse assunto, ele escreve:

> *Nas décadas finais do século vinte, a igreja está ouvindo novamente o toque da trombeta de Deus, para trazer à fé e obediência os povos de todos os continentes. Cada vez mais, ela dedica seus recursos à evangelização e ao crescimento da igreja. Denominações pequenas e grandes, protestantes e católicos, estão dando ênfase à propagação do Evangelho dentro das fronteiras nacionais e além delas. Torna-se cristalinamente claro que não poderá haver progresso no sentido de moralidade, paz e justiça, sem que haja um grande aumento no número de cristãos praticantes e igrejas de fé em todas as categorias da humanidade.* (McGavran, 2010, p. 13)

O autor afirma que o crescimento da igreja tem ligação com a fidelidade a Deus e que a vontade de Deus é que o crescimento da igreja aconteça. Para McGavran (2010), a tarefa de evangelizar em nossos dias é oportuna e imperativa, razão pela qual não podemos retroceder.

---

9 **Donald McGavran** é considerado o pai do movimento de crescimento da igreja. Ele é autor e lecionou no Seminário Teológico Fuller, em Pasadena (Califórnia, EUA). Muitos o consideram o mais importante missiólogo do século XX. Ele se formou nas universidades de Yale e de Columbia. Ao longo de sua vida, ensinou sobre o crescimento da igreja, orientou teses de pós-graduação, treinou pastores e missionários e deu consultoria a igrejas e organizações. Alem disso, escalou o Himalaia, atuou como produtor de cinema, dirigiu uma agência missionária, foi presidente de um leprosário e supervisor de um sistema educacional, enfrentou um tigre ferido, encarou um porco-do-mato, conteve uma epidemia de cólera, fundou uma faculdade de missões que se tornou famosa no mundo inteiro e escreveu 23 livros sobre crescimento de igreja.

Eclesiologia contemporânea: construindo igrejas bíblicas

Para o autor Christian A. Schwarz[10] (2001), há igrejas que têm tido dificuldades em crescer. Ele escreve que existem oito marcas de qualidade existentes entre as igrejas que crescem. São elas: liderança capacitadora; ministérios orientados pelos dons; espiritualidade contagiante; estruturas funcionais; culto inspirador; grupos familiares; evangelização orientada para as necessidades; e relacionamentos marcados pelo amor fraternal (Schwarz, 2001).

O pastor Erwin McManus diz que uma igreja que cresce como agente de transformação é uma igreja que busca pessoas comprometidas com a instituição, e não apenas aquelas que estejam querendo se tornar consumidores perfeitos da igreja.

O pastor norte-americano Erwin McManus, da Mosaic Church, de Los Angeles (EUA), diz acertadamente que uma igreja que cresce como agente de transformação é uma igreja que busca pessoas comprometidas com a instituição, e não apenas aquelas que estejam querendo se tornar consumidores perfeitos da igreja. Outro importante apontamento feito por ele é que a igreja precisa buscar ambientalistas espirituais, pessoas que sejam capazes de sobreviver e de se reproduzir dentro do ecossistema chamado *igreja* (McManus, 2009).

---

10 **Christian A. Schwarz**, nascido em 1960, dirige o Instituto de Desenvolvimento Natural da Igreja. Seus livros sobre teoria e prática do desenvolvimento da igreja já foram publicados em 34 países. Entre 1994 e 1996, organizou o projeto de pesquisa mais abrangente sobre as causas do crescimento da igreja até hoje realizado na cristandade: mais de mil igrejas locais dos cinco continentes participaram do estudo. Schwarz estudou Teologia na Alemanha e nos Estados Unidos da América e atualmente vive com sua família no norte da Alemanha.

A igreja evangélica brasileira

6.8 *Mission station* e *people movement*

Existem dois tipos de estrutura muito claras e presentes na igreja brasileira. Uma delas é a estrutura **missional** e a outra é a estrutura **congregacional**. A missional tem características mais parecidas com a que os norte-americanos chamam de *people movement* (movimento do povo); já a congregacional se parece mais com a versão americana da *mission station* (estação de pessoas).

É possível que, dentro de uma mesma igreja, existam pessoas com pensamentos mais missionais e outras defensoras de vertentes mais congregacionais, o que pode trazer um grande desconforto. As diferenças entre esses dois pensamentos a respeito da forma de ser igreja podem ocasionar confrontos e conflitos por vezes inadministráveis.

A respeito desse assunto, o apóstolo Paulo trabalhou com afinco quando pediu aos irmãos das igrejas de Corinto, de Éfeso e da região da Galácia que zelassem pela unidade da fé. A ideia de Paulo era que os pensamentos diversos pudessem se complementar, assim como um casal se complementa na sua relação marital.

Nos tópicos a seguir, veremos as características e as principais diferenças existentes entre essas duas formas de se compreender uma igreja local.

6.8.1 A estrutura congregacional

Numa estrutura congregacional existe a valorização do local onde a igreja está situada. A sua forma de governo é baseada no consenso, no qual as pessoas tomam as decisões juntas, seja por meio de uma comissão, seja mediante uma votação, que, via de regra, deve expressar a vontade da maioria. Nesse tipo de estrutura de governo, as decisões são centralizadas na assembleia e todas as pessoas da congregação participam do processo de tomada de decisão – todos governam sobre todos (Porto Filho, 1982).

O foco está no bem-estar das pessoas e existe uma tendência de proporcionar conforto aos membros da igreja. Eles precisam se sentir bem com os programas e as ações que a igreja oferece. A prioridade da estrutura congregacional é a manutenção e a melhora daquilo que se tem como prioridade.

A estrutura congregacional é pluralística: ela tem uma autoimagem de diversas frentes de ação e acaba realizando múltiplas funções, o que tende a fazer com que o processo decisório se torne mais lento. Levando em conta que todos os membros têm o mesmo peso de voz e de voto, a igreja tende a demorar na mudança de uma direção para outra, já que é autônoma e não se sujeita a qualquer outra entidade senão à própria assembleia (Porto Filho, 1982).

O processo decisório desse sistema é burocrático e, de certa forma, complicado, pois utiliza as estruturas institucionalizadas para promover o controle e a sistematização da maioria das iniciativas – o que, por vezes, acaba complicando as ações inicialmente programadas. Todavia, é claro que isso também tem o seu lado positivo. Por exemplo: esse tipo de estrutura permite melhor controle e supervisão de toda a estrutura, visto que os líderes ou as comissões responsáveis controlam, de fato, as iniciativas.

Outro fator positivo é que as crenças doutrinárias acabam não se modificando tanto. Nesse sistema, a própria busca da estabilidade e do controle acaba desencadeando um processo de unidade de pensamento, gerando maior proteção à igreja e ao seu nome institucional, o que propicia a conservação de boas tradições.

Sendo assim, não somente as tradições são preservadas, mas essa modalidade de igreja também permite maior proteção das

A igreja evangélica brasileira

estruturas financeiras e patrimoniais, já que uma ou duas pessoas não podem tomar decisões sem a consulta e a permissão de um grupo maior. Essa estrutura favorece a estabilidade e, por conta disso, qualquer tentativa de mudança rápida pode ser entendida como algo inovador e perigoso demais. Por isso, as mudanças podem ser vistas como suspeitas e causar medo às pessoas.

Existem preocupações múltiplas dentro dessa igreja, pois os ministérios são muitos e suas ações são bastante variadas. Geralmente, nesse tipo de estrutura, existe o ministério de jovens, o ministério de mulheres, o ministério de homens, o ministério de adolescentes, o ministério infantil, o ministério de ensino, o ministério do diaconato etc.

Entre as grandes vantagens de uma estrutura congregacional, destacam-se a questão da autonomia da igreja local (**igreja autônoma com governo próprio**) e a possibilidade de seus membros se encontrarem, uma vez reunidos em assembleia, em paridade para com todos os demais – eles são o poder supremo nas tomadas de decisão (Porto Filho, 1982).

O grande problema dessa estrutura multiministerial é que todos os ministérios querem ganhar espaço dentro da igreja. Assim, o simples planejamento do calendário e do orçamento da igreja pode se tornar algo difícil demais de ser realizado pela dificuldade de agradar a todos os departamentos.

Uma das vantagens da estrutura congregacional é a consolidação de avanços por meio do mecanismo da institucionalização. Ela valoriza o aprofundamento espiritual das pessoas e enfatiza a santificação do indivíduo. Nesse sentido, o caráter, a moral e a reputação das pessoas são exaltados e vistos como virtude.

Se, porém, por um lado, o aprofundamento espiritual é um aspecto que faz com que os frequentadores da igreja sejam pessoas melhores, por outro, elas podem imaginar que, se estão se tornando melhores e estão com Deus, não precisam fazer mais nada. Talvez por isso o crescimento de uma igreja congregacional se dê biologicamente. Ainda que a igreja cresça numericamente, a tendência é que esse crescimento ocorra em virtude das transferências ou pelo batismo dos filhos dos membros da igreja.

O nível de comprometimento das pessoas nesse sistema é baixo e limitado. Tanto é verdade que grande parte das igrejas congregacionais que alcançam um comprometimento efetivo de 50% de seus membros se considera "feliz da vida".

O problema é que o baixo comprometimento dos membros limita o crescimento da igreja. Via de regra, os frequentadores dessa versão de igreja vêm até ela por interesses pessoais. Às vezes, por conta dos seus relacionamentos; outras vezes, pela boa programação e até mesmo porque a pregação do pastor é boa e agradável.

Em outras palavras, os membros e frequentadores desse tipo de igreja buscam satisfazer a sua própria necessidade pessoal. Eles procuram sua alimentação espiritual e pronto: não se sentem mais na obrigação de fazer algo além disso. Isso acontece porque esse modelo de estrutura alimenta o rebanho a ponto de deixá-lo obeso e com pouca mobilidade.

Embora esse sistema faça as pessoas se tornarem mais intelectuais, ele nem sempre lhes proporciona um compromisso maior diante de Deus. Além disso, o fato de intelectualizar as pessoas não garante que elas venham a se tornar pessoas cristãs para praticarem o que está em seus intelectos.

6.8.2 A estrutura missional

A estrutura missional funciona de maneira mais movimentada, pois nesse modelo a igreja não tem uma localidade específica. O sistema decisório se baseia no cumprimento da missão, ou seja, o alvo a ser atingido dá o direcionamento para a realização das atividades e o investimento dos recursos.

Aqui vale salientar as palavras de João Costa (2012, p. 117): "Quando pessoas se encontram em qualquer lugar, mesmo sem grandes estruturas físicas e estratégicas, mas onde a Palavra conduz a transformação das mesmas, aí está presente o Senhor com seu Espírito, aí emerge a Igreja como acontecimento".

A prioridade dessa estrutura está em se expandir e se estender o mais rapidamente possível. A ideia prioritária é conquistar as pessoas para o Reino de Deus, tudo o mais é secundário (como **a estrutura física, por exemplo**), porque a prioridade está sempre no avanço missionário. Assim, a agilidade de realizar mudanças é mais rápida nesse sistema. O foco, geralmente, está muito claro e não se perde muito tempo em votações ou em processos burocráticos. Isso permite que a preocupação central esteja mais concentrada, pois a ênfase está em pregar e, consequentemente, em colher.

Novamente Costa (2012, p. 119-120) exemplifica:

> *A vida cristã, pela perspectiva missional da unidade, se caracteriza pela ausência de estruturas alienantes, pelas relações diretas, reciprocidade, profunda fraternidade, auxílio mútuo, comunhão de ideais e igualdade entre os membros. Está ausente aquilo que caracteriza as sociedades: regulamentos rígidos, hierarquias, relacionamentos prescritos num quadro de distinções de funções e atribuições.*

Via de regra, a covardia, a insegurança e o cuidado exagerado são reprimidos, pois **a ênfase está no fazer, e não no ser.** Tudo aquilo que é feito e realizado é valorizado. E, como muitas coisas são feitas com afinco e dedicação, o número de conversões tende a aumentar a cada dia.

Nossa impressão é que a estrutura missional não está interessada no crescimento biológico (aquele que se dá por transferência

Eclesiologia contemporânea: construindo igrejas bíblicas

ou pelo nascimento de filhos de cristãos), mas em ganhar vidas para o Reino. Isso faz com que o comprometimento das pessoas seja algo latente na visão desse sistema.

Parece-nos que esse modelo de igreja leva as pessoas a se envolverem pessoalmente no evangelismo, ou seja, esse método exige o comprometimento do povo, pois cada um sentirá na pele o que é evangelizar alguém e saberá das alegrias e das dificuldades inerentes ao processo.

A estrutura missional desafia as pessoas do ponto de vista espiritual. Ela quer que as pessoas sejam alcançadas pela graça de Deus, mas também quer que elas se comprometam a anunciar essa mesma graça que lhes foi confiada. Nesse sentido, o fiel recebe da igreja a delegação para realizar a missão.

No tocante às crenças e às doutrinas, estas são pregadas e organizadas de acordo com a necessidade do ouvinte, embora também exista a preocupação com a ortodoxia do conteúdo. Porém, diferentemente da estrutura congregacional, a estrutura missional não se preocupa em proteger a igreja e as suas tradições.

6.8.3 A igreja baseada em programas

Igrejas baseadas em programas são aquelas nas quais existe um grande número de atividades semanais dentro da estrutura física da igreja. Geralmente, a igreja de programas realiza dois cultos dominicais e mais uma infinidade de programações no meio de semana.

Essa igreja visa promover o relacionamento dos membros por meio do seu envolvimento nas atividades da igreja. Assim, é possível que estejam juntos vários dias da semana, o que não significa que eles estiveram em **comunhão**. Igrejas que se baseiam em programas podem, por exemplo, ter um culto de libertação na segunda-feira,

A igreja evangélica brasileira

159

um culto das senhoras na terça, um culto de oração na quarta, um culto para empresários na quinta, um culto para adolescentes na sexta e um culto para a juventude no sábado.

É possível que as pessoas entrem num ativismo desenfreado e passem a ser apenas pessoas religiosas, sem saber o sentido das coisas que fazem.

Além disso, é possível que uma igreja assim ainda tenha um horário voltado para a escola bíblica, um horário especial para o ministério de coral etc. É por isso que, nessa igreja, as pessoas realizam atividades juntas, mas não necessariamente compartilham as suas vidas umas com as outras.

Para Costa (2012, p. 45):

> *A busca por atender uma agenda de novos programas tem nublado nossa verdadeira atuação missional. Precisamos encontrar nosso caminho novamente. Não em busca de uma espiritualidade que se autointitula como monástica (até porque para muitos isso é mais uma moda do cristianismo líquido, moldado pelos apelos de uma espiritualidade horizontalizada, do que a busca pela referência histórica do precioso legado de alguns dos chamados pais do deserto), mas que tem a devoção como plataforma de lançamento para a missão de Deus.*

Parece-nos que uma das características dessa igreja é crescer num ritmo muito mais lento do que as igrejas baseadas em relacionamentos, sobre as quais trataremos logo a seguir. Outro problema é que ela tende a desgastar fisicamente os seus membros, pois eles precisam estar presentes na igreja por muito mais tempo.

Assim, é possível que as pessoas entrem num ativismo desenfreado e passem a ser apenas pessoas religiosas, sem saber o sentido das coisas que fazem. Todavia, embora essa igreja tenha essas características, é preciso reconhecer que foi ela quem nos trouxe até aqui, pois a maioria das igrejas evangélicas brasileiras das décadas anteriores são adeptas desse modelo eclesial.

6.8.4 A igreja baseada em relacionamentos

Como o próprio nome diz, a igreja baseada em relacionamentos prioriza os relacionamentos que podem existir entre as pessoas. Diferentemente da igreja baseada em programas, que valoriza a presença das pessoas nas atividades da igreja, a igreja baseada em relacionamentos quer que as pessoas tenham vínculos fortes entre si.

Grande parte das igrejas baseadas em relacionamentos pregam que esse modelo já era bastante presente nos tempos de Jesus e na época do cristianismo primitivo. O Capítulo 2 de Atos dos Apóstolos traz evidências de que o povo de Deus se relacionava e tinha comunhão entre si, tanto no partir do pão como nas orações (Atos, 2).

Essa igreja valoriza o "de casa em casa", pois é no interior de uma casa que se tem a intimidade. É por isso que muitas das igrejas baseadas em relacionamentos focam grupos familiares ou células nas casas das pessoas, pois isso proporciona mais intimidade entre os indivíduos.

A ideia essencial desse modelo de igreja é que as pessoas possam viver a presença de Deus, o seu poder e os seus propósitos não apenas nos cultos públicos, mas também na intimidade dos seus relacionamentos. É por isso que essa igreja cresce muito mais rapidamente do que a igreja baseada em programas.

Ralph Webster Neighbour Junior (2009, p. 25-26) escreve a respeito da perspectiva de Deus em querer que vivamos em comunidade, desfrutando de nossos relacionamentos:

> Temos de nos afastar de uma perspectiva autocentrada da nossa vida em Cristo. Não podemos viver de maneira independente dos outros. Fomos formados pelo Espírito para sermos ajuntados em comunidade com outros, formando um corpo habitado por Cristo. Como seres humanos, somos sempre indivíduos separados, mas isso nunca é assim no Reino

A igreja evangélica brasileira

de Deus. A vida que temos é a de um corpo que expressa a vida do Filho. Por isso chamamos a Deus de Pai nosso [...]

A vida em comunidade começa com três pessoas. Assim, Deus criou cada pessoa para nascer fisicamente em comunidade: "E com o bebê agora somos três".

Nesse mesmo sentido, Paulo, apóstolo de Jesus Cristo, ao escrever aos irmãos da cidade de Éfeso, incentiva-os a ver que a perspectiva de Deus também é a de estarmos ligados uns aos outros, de forma a intensificar ainda mais os nossos relacionamentos. Ele diz:

A oração de Paulo *– Por essa razão eu dobro os joelhos diante do Pai – de quem toma o nome toda família no céu e na terra –, para pedir-lhe que ele conceda, segundo a riqueza da sua glória, que vós sejais fortalecidos em poder pelo seu Espírito no homem interior, que Cristo habite pela fé em vossos corações e que sejais arraigados e fundados no amor. Assim tereis condições para compreender com todos os santos qual é a largura e o comprimento e a altura e a profundidade, e conhecer o amor de Cristo que excede a todo conhecimento, para que sejais plenificados com toda a plenitude de Deus.* (Efésios, 3: 14-19)

A perspectiva de Deus, na visão paulina, é a de que os irmãos em Cristo possam viver em comunidade, arraigados e alicerçados em amor, pois só assim é possível se conhecer o grande amor de Cristo.

Em outras palavras, a ideia de Deus é a que sua Igreja seja voltada para os relacionamentos, o que dá ainda maior credibilidade à igreja baseada em relacionamentos. Pensamos ser esse o grande desafio da igreja evangélica brasileira nos tempos atuais.

Síntese

Parece plausível que se entenda como *igreja brasileira* aquela que, sendo fortemente influenciada pela modernidade, está sempre acompanhando o compasso da contemporaneidade. É notável que a igreja evangélica brasileira tenha recebido, ao longo dos anos, forte influência da igreja norte-americana.

A igreja evangélica brasileira é praticamente uma igreja urbana, pois o crescimento dos evangélicos nas cidades tem sido um fenômeno claramente observável, uma vez que a grande maioria deles se encontra nas cidades.

Indicações culturais

FÁBIO, C. **Igrejas evangélicas em 2013**: estatística de crescimento e evasão. Brasília, 2014. Palestra proferida no Programa Papo de Graça. Disponível em: <https://www.youtube.com/watch?v=Pa45NKJzrUs>. Acesso em: 3 abr. 2016.

Nessa palestra, o pensador Caio Fábio fala sobre a rotatividade dos cristãos na igreja brasileira e sobre a estatística de crescimento e evasão de membros na igreja evangélica.

MATOS, A. S. de. **Breve história do protestantismo no Brasil**. 2011. Disponível em: <http://www.mackenzie.br/6994.html>. Acesso em: 3 abr. 2016.

O professor Alderi Souza de Matos aborda nesse texto a história do desenvolvimento da igreja protestante no Brasil, bem como o avanço de algumas das principais denominações evangélicas presentes em nosso país.

A igreja evangélica brasileira

SAYÃO, L. **Caminhos e descaminhos da igreja brasileira no despertar do século XXI**. Rio de Janeiro, 2012. Palestra proferida na Conferência do Atos 29 Brasil. Disponível em: <https://www.youtube.com/watch?v=bmbiI1oJEQI>. Acesso em: 3 abr. 2016.

Nessa palestra, o professor Luiz Sayão fala sobre as peculiaridades da igreja evangélica brasileira, bem como sobre as tendências e os desafios da igreja brasileira no contexto mundial.

Atividades de autoavaliação

1. Marque a alternativa correta:
    a) A igreja evangélica brasileira apresenta homogeneidade e uniformidade no tocante ao pensamento teológico e doutrinário.
    b) É clara a evidência de que a igreja evangélica brasileira tem recebido, ao longo dos anos, forte influência da igreja africana.
    c) A maioria das denominações atuantes no Brasil são originárias de grupos oriundos do continente africano, que se instalaram no Brasil e aqui fincaram suas raízes.
    d) Algumas denominações presentes no Brasil foram implantadas por norte-americanos.

2. Marque a alternativa correta:
    a) A igreja evangélica brasileira apresenta unicidade de culturas, costumes e características.
    b) A música cantada na igreja brasileira em nenhum momento recebeu influência da cultura eclesial norte-americana.

c) É correto que, em nossos dias, a igreja procure não se relacionar com outras igrejas de diferentes ordens ou denominações.

d) A igreja não deve ser estimulada ao isolamento, mas ao engajamento no mundo, com o intuito de alcançar novos discípulos para Cristo.

3. Assinale a alternativa correta:
   a) *Igreja* é todo grupo que exclui a dinâmica missional de Jesus.
   b) Nem toda igreja necessita ser capacitada pelo Espírito Santo de Deus.
   c) Nem sempre uma igreja precisa ser fundamentada na Bíblia, pois o caráter de uma igreja não se mede necessariamente por sua fundamentação bíblica.
   d) Uma igreja precisa ser baseada na Bíblia e deve ter guias que verdadeiramente desempenhem a dádiva da liderança e sejam capazes de levar a igreja a seguir abertamente a visão dada por Deus.

4. Assinale a alternativa correta:
   a) Uma igreja precisa saber se autoavaliar.
   b) Igreja é uma comunidade caracterizada por uma estrutura intocável e inflexível.
   c) A igreja brasileira precisa manter suas tradições – ser tradicionalista.
   d) A igreja brasileira deve propagar a individualidade.

5. Assinale a alternativa correta:
   a) A igreja evangélica brasileira é praticamente uma igreja urbana, pois o crescimento dos evangélicos nas cidades tem sido um fenômeno claramente observável.

b) Igrejas sérias são aquelas que não fazem uso de nenhum recurso para estarem na mídia.

c) A grande maioria dos evangélicos se encontra nas áreas rurais.

d) A maior parte dos cristãos brasileiros moram em regiões rurais.

Atividades de aprendizagem

Questões para reflexão

1. Na sua opinião, quais são as maiores dificuldades da igreja brasileira na atualidade?

2. Entreviste três líderes de sua igreja local e pergunte a eles o que pensam sobre a *Missio Dei* no contexto brasileiro.

Atividade aplicada: prática

De acordo com as informações contidas neste Capítulo, faça um comentário sobre o que você aprendeu a respeito da igreja brasileira.

capítulo sete
As novas configurações de igreja[1]

---

[1] Todas as passagens bíblicas indicadas neste capítulo são citações de Bíblia (2002).

A discussão sobre as novas configurações de igreja tem sido bastante comum na igreja contemporânea. No entanto, praticamente não existe literatura que vise explicar essas configurações de forma prática. Por esse motivo, o intento deste Capítulo é situar o leitor em relação aos principais novos modelos em voga na atualidade.

Essas novas configurações eclesiásticas são uma resposta da igreja ante o fenômeno da **globalização**, que tem permitido a diversas igrejas locais, em diferentes localidades do mundo, se conhecerem e interagirem no sentido de comparar suas práticas e aprender umas com as outras.

A possibilidade de conhecimento e de pesquisa sobre igrejas mundiais tem trazido à tona a **heterogeneidade** cada vez maior das igrejas. Esse fator tem feito com que muitas igrejas se preocupem cada vez mais com a manutenção de suas boas práticas locais em outras cidades e até mesmo em outros países.

Essa preocupação veio a calhar no surgimento de três principais configurações que destacamos nesta obra: a **igreja *multi-site church***, a **igreja *campus/campi*** e a **igreja satélite/polo**. Para melhor compreensão, todas elas serão expostas a seguir.

7.1 A configuração *multi-site church*

A *multi-site church*, ou *igreja multi-site*, é uma igreja local que se reúne em diversos lugares, mas que possui, no mínimo, mais de um ambiente de culto. A *multi-site church* tem sido uma alternativa bastante inovadora para o crescimento de igrejas locais. É uma nova configuração em termos estruturais, organizacionais e administrativos.

Rogério Hernandez de Oliveira[2] (2013, p. 1) diz o seguinte a respeito da *multi-site church*:

> Multi-site church *ou igreja* multi-site, *uma nova e recente modalidade de estruturação, organização e administração tanto do crescimento como da expansão ao alcance evangelístico, do discipulado e do voluntariado ministerial nas igrejas locais. Conceitos, definições e resultados de pesquisa de campo realizada por pesquisadores mostram o quadro atual no universo das igrejas norte-americanas e canadenses. A sinalização do impacto que deve ocorrer sobre a igreja brasileira e as questões que se apresentam para uma estratégia, que pode ser considerada como*

---

2   **Rogério Hernandez de Oliveira** é engenheiro civil pela Universidade de São Paulo (USP), pós-graduado em Pastoreio e Liderança (*lato sensu*) e mestrando em Teologia pela Faculdade Batista do Paraná. É membro da Igreja Evangélica Nova Aliança, em Curitiba (PR).

uma revolução ou um neo-denominacionalismo crítico que atinge até denominações históricas, e as questões que se levantam para um debate nos campos teológico-acadêmico, lideranças denominais e de lideranças pastorais locais.

Sem dúvida, a *multi-site church* é uma nova forma de pensar e organizar o funcionamento de uma igreja local. Essa tendência vem ganhando espaço não somente em igrejas da América do Norte – sejam elas dos EUA ou do Canadá –, mas também em terras brasileiras. Como afirma Oliveira (2013), é um fenômeno que tem atingido tanto as igrejas independentes como as denominacionais.

A multi-site church traz consigo a ideia de que uma igreja local não precisa se reunir especificamente debaixo do mesmo teto, mas em endereços diferentes.

Essa alternativa de configuração parece ser a mais adequada ou, pelo menos, mais aceita entre os líderes eclesiásticos após a grande adesão às configurações apresentadas pelas megaigrejas. O grande interesse de líderes locais pela *multi-site church* está na forma inovadora e atual de organização, que proporciona uma funcionalidade bastante eficaz.

Outro fator que tem feito muitos líderes aderirem a essa configuração é a própria dificuldade de expansão das megaigrejas nos grandes centros urbanos. Levando em conta que as grandes cidades têm se deparado com grandes especulações imobiliárias, as megaigrejas têm enfrentado dificuldades de encontrar espaços físicos funcionais e viáveis financeiramente. Nesse sentido, a *multi-site church* é uma tentativa de aperfeiçoar administrativamente o crescimento de uma igreja local nos momentos em que a sua capacidade física se esgota.

É claro que, por ser uma igreja local e que se reúne em diversos lugares, ela também enfrenta alguma resistência – principalmente na questão conceitual, pois quando ouvimos falar de uma igreja local, pensamos em uma igreja com um único endereço ou com um local físico limitado geograficamente, no qual uma congregação realiza suas reuniões, seus cultos e suas demais atividades.

Portanto, para aceitar uma *multi-site church*, é preciso quebrar paradigmas no que diz respeito ao conceito de igreja local. A *multi-site church* traz consigo a ideia de que uma igreja local não precisa se reunir especificamente debaixo do mesmo teto, mas em endereços diferentes.

Igrejas norte-americanas de grande destaque, como a Willow Creek Community Church, cujo pastor é Bill Hybels[3], e a Saddleback Church, que tem como pastor Rick Warren, têm adotado e aplicado a configuração *multi-site church* em vários países, já que ela pode ter diversos *campi* em diferentes locais e regiões, apesar de que uma igreja como essa pode também ter vários ambientes de culto dentro de um mesmo *campus*[4].

7.1.1 Particularidades da *multi-site church*

Multi-site church é um conceito eclesiológico funcional e administrativo que se refere a uma igreja local. Acreditamos que cerca de 1.500 igrejas locais estadunidenses já tenham aderido a esse modelo e que cerca de 30 mil igrejas canadenses também já o fizeram (Oliveira, 2013). Apesar de essa configuração ser muito utilizada atualmente, há evidências de que a sua idealização se deu

---

3 **Bill Hybels** é pastor sênior e fundador da Willow Creek Community Church em South Barrington (Illinois). Ele também é membro fundador e presidente da Willow Creek Association, organizadora do Global Leadership Summit, uma conferência de liderança cristã replicada em diversos países do mundo.

4 *Campus* é uma configuração de igreja que será abordada na sequência com maiores detalhes.

As novas configurações de igreja

em meados da década de 1980, embora sua disseminação tenha ocorrido com maior ênfase somente em anos recentes.

Uma de suas particularidades está na **não uniformização de um modelo** ou no uso de uma estratégia operacional. A *multi-site church* é bastante variada na questão metodológica (Surrat; Ligon; Bird, 2006). Algumas utilizam múltiplos locais apenas para realizar seus cultos, outras usam seus sermões em vídeo e algumas realizam as duas coisas no mesmo local. Grande parte das igrejas com essa configuração adota um estilo de culto similar em todos os ambientes, existindo pouca variação.

7.1.2 A identidade da *multi-site church*

A *multi-site church* é caracterizada por ser uma igreja que, embora tenha vários locais de culto, apresenta em seu todo os mesmos valores. Nos mais variados locais onde a igreja se reúne, é possível observar a mesma visão, o mesmo propósito, a mesma filosofia e, geralmente, a mesma estratégia. Há ocasiões em que o orçamento e os recursos também são compartilhados, embora não seja essa a regra geral.

Boa parte dessas igrejas também tem uma **mesma identidade** porque o nome da igreja é o mesmo em todos os locais em que ela se reúne. Também apresenta as mesmas estrutura de liderança e equipe de pregadores, o que permite que em todos os locais se pregue e se ensine os mesmos elementos. Isso tende a acontecer também com as equipes que trabalham na área de louvor e adoração.

Essa configuração oferece à igreja de hoje inúmeras vantagens. A primeira se dá na questão do alcance evangelístico, pois esse modelo permite às pessoas participarem de uma igreja mais próxima delas (do ponto de vista geográfico). A *multi-site church* se dispõe a levar a igreja para mais perto de seu público-alvo. Duas grandes vantagens desse modelo são a solução dos problemas de superlotação e a possibilidade do alcance de nichos mais específicos.

Por exemplo: grande parte das pessoas que frequentam igrejas nos grandes centros urbanos mora longe do local de culto; essas pessoas, via de regra, não conseguem trazer visitantes de sua região para participar das atividades, e elas mesmas também não conseguem participar mais ativamente no meio da semana e têm dificuldade maior de envolvimento no voluntariado da igreja. A *multi-site* é uma solução para esses problemas.

Um bom exemplo de igreja que tem adotado esse sistema é a Willow Creek Community. Ao perceber que grande parte de seus frequentadores se deslocavam por mais de 30 minutos, de carro, até a sede da igreja, ela decidiu funcionar também em outros locais geograficamente mais estratégicos (Willow Creek Association, 2016). A igreja se reúne, hoje, em sua sede, em South Barrington, mas também em DuPage, McHenry County e North Shore.

7.2 A configuração *campus* ou *campi*

A configuração *campus* ou *campi* se refere a uma igreja que, assim como a *multi-site church*, reúne-se em vários locais para a realização de seus cultos. Na modalidade *campus*, as equipes pastorais e as equipes ministeriais se revezam nos diferentes *campi* para atuar como pregadores e ministros do culto.

Nessa configuração, não existe um pastor local, pois os pastores do *campus*-sede e dos demais *campi* são todos parte da mesma equipe ministerial. Isso evita a perda de qualidade naquilo que se ministra, mas também tem seus pontos negativos. Por exemplo,

As novas configurações de igreja

a possibilidade de não haver uma afinidade próxima dos frequentadores do *campus* com os pastores que pregam naquele local.

Não há um modelo específico desse tipo de configuração de igreja, mas existem alguns modelos que são mais utilizados e que têm se demonstrado bastante funcionais para as igrejas que os utilizam. Na verdade, os modelos não são específicos, mas estáticos. A seguir estão elencados os modelos mais comuns.

7.2.1 *Campus* local

A configuração *campus* local é um modelo em que a igreja se utiliza da tecnologia para cultuar dentro de um mesmo *campus*, mas em ambientes diferentes. Nessa modalidade, o sermão é transmitido por vídeo, seja ao vivo, seja previamente gravado.

O louvor, geralmente, é realizado por equipes diferentes. Isso permite que, em um salão, os jovens se reúnam para louvar a Deus com as suas tendências musicais, enquanto outros grupos, com afinidades musicais diferentes, podem cultuar em outro espaço.

Normalmente, quando chega o momento da mensagem, o pastor que vai pregar entra via telão, para que todos os ambientes escutem a mesma mensagem. A igreja Saddleback Church é um bom exemplo de utilização da configuração *campus* local.

7.2.2 *Campus* regional

O *campus* regional torna possível a reprodução do *campus*-sede em outras regiões. Assim, faz com que a igreja se torne geograficamente possível em uma outra região, o que possibilita a participação de pessoas que morem longe da sede.

A grande vantagem do *campus* regional é que ele é adaptável tanto às grandes quanto às pequenas igrejas. Ele soluciona a questão da distância e também os problemas de superlotação. Em termos ministeriais, as possibilidades de serviços prestados pelos membros se ampliam, já que existe mais de um *campus* para servir.

Obviamente isso também pode ser um problema, principalmente em igrejas nas quais a mão de obra voluntária é escassa. No entanto, essa configuração permite que novas lideranças nasçam e se desenvolvam com maior rapidez.

Esse modelo de configuração é geralmente adotado em locais onde a concentração do número de frequentadores da igreja é grande. Também é comum onde a distância do *campus*-sede exceda a média de 30 minutos, quando percorrida de carro.

7.2.3 *Campi* descentralizados

Esse modelo é formado a partir de vários *campi*. Diferencia-se do modelo anterior porque nele existe uma equipe de pastores e ministros de culto que se revezam entre os *campi* para exercer as atividades de pregação, ministração, pastoreio e ensino em forma de rodízios.

Nesse modelo, o exercício do pastoreio e da ministração é centralizado em uma equipe principal. Essa configuração facilita a padronização dos *campi* e permite que a qualidade de culto não caia de um *campus* para o outro, o que é um ponto muito positivo. No entanto, é possível que uma equipe que trabalhe em vários *campi* não consiga ter uma afinidade ou proximidade com as pessoas que frequentam cada um deles.

7.2.4 *Campi* públicos

Esse é, provavelmente, o modelo que tem o menor custo entre todas as configurações de *campi* existentes. Geralmente, é o modelo

As novas configurações de igreja

preferido quando se deseja implantar um *campus* em um local onde a sua permanência ainda é incerta e arriscada.

O modelo de *campi* públicos se utiliza de espaços de uso público, como hotéis, escolas, auditórios, faculdades, cinemas, associações e centros de convenções para a realização dos cultos da igreja. Na maioria dos casos nos quais essa configuração ocorre com sucesso, ela acaba migrando para algumas das outras formas configurativas já abordadas anteriormente.

7.3 A configuração satélite ou polo

Já na configuração **satélite** ou **polo** existe um pastor local em cada unidade. Esse modelo de igreja funciona como se fosse uma parceria estratégica, na qual igrejas que compartilham uma mesma visão se propõem a atuar com a mesma estratégia ministerial e os mesmos valores, embora não estejam administrativamente ligadas.

Um exemplo disso é o que acontece entre a Comunidade Batista do Rio (CBRio), pastoreada pelo pastor Pedrão[5], e a Comunidade Batista de Curitiba (CBCuritiba), pastoreada pelo pastor Josimaber Rezende. Nesse caso, a CBRio atua em parceria com outras igrejas satélites, como a CBCuritiba, a CBRio2 e a CBCampo Grande.

---

5   **Pedro Litwinczuk**, mais conhecido como *pastor Pedrão*, é o pastor fundador da Igreja Comunidade Batista do Rio, mais conhecida como *CBRio*. A CBRio foi plantada há 10 anos no bairro nobre da Barra da Tijuca, na cidade do Rio de Janeiro. Ela é conhecida por ser uma "Comunidade de Amor", que almeja ser a presença de Jesus na sociedade e reconhecida pela integridade e vivência no ensino da Bíblia. O *site* da CBRio pode ser acessado pelo endereço: <http://www.cbrio.com.br>. Acesso em: 3 abr. 2016.

Findamos aqui o estudo sobre as diversas configurações de igreja utilizadas na atualidade. No próximo Capítulo, analisaremos os paradigmas existentes na igreja contemporânea e que precisam ser analisados e, se for o caso, até mesmo repensados.

Síntese

A igreja *multi-site* é uma mesma igreja que se reúne em múltiplos locais. Ela possui uma mesma diretoria, um mesmo *staff* pastoral, um mesmo orçamento e uma mesma missão. Os membros da igreja podem se reunir em diferentes salas dentro de um mesmo *campus*, como podem se reunir em diferentes locais na mesma região, embora haja casos de igrejas *multi-sites* que conseguem se reunir em diferentes estados ou mesmo em diferentes países.

Basicamente, a *multi-site church* é uma igreja que oferece seus cultos em mais de um local, e esses locais não necessariamente precisam ser o prédio de uma igreja. A *multi-site church* pode se reunir em auditórios de hotéis, presídios, hospitais, ginásios, escolas ou ambientes adaptados para a realização de seus cultos.

Essa configuração de igreja não está limitada a um único espaço físico ou geográfico. Atualmente, tanto igrejas vinculadas a uma denominação quanto igrejas não denominacionais têm se adequado a esse modelo de igreja, pois ela não impede que uma igreja se associe a uma estrutura denominacional.

Já a configuração *campus* ou *campi* se caracteriza por ser uma igreja que se reúne em vários locais para a realização de seus cultos, mas se diferencia da *multi-site church* porque nela não existe um pastor local, pois todos os pastores do *campus* sede e dos demais *campi* são parte da mesma equipe ministerial.

As novas configurações de igreja

Por último, a configuração satélite ou polo é um modelo de igreja que funciona em uma espécie de parceria estratégica com outras igrejas. Estas compartilham uma mesma visão e se propõem a atuar com a mesma estratégia ministerial e os mesmos valores, embora não estejam administrativamente ligadas.

Indicações culturais

BIRD, W.; TOMBERLI, J.; SURRATT, G. **Multisite Church**: the Good, the Bad and the Many. set. 2014. Palestra. Disponível em: <https://www.youtube.com/watch?v=RmHHAJanZIM>. Acesso em: 3 abr. 2016.

Essa palestra explica de maneira didática o funcionamento da configuração *multi-site*.

OLIVEIRA, R. H. A igreja local em diversos locais – "multi-site church": alternativa inovadora para o crescimento de igrejas locais ou neodenominacionalismo? **Revista Theos**, Campinas, v. 8, n. 2, dez. 2013. Disponível em: <http://www.revistatheos.com.br/Artigos/2013_12/5_A_igreja_local_em_diversos_locais_Rogerio.pdf>. Acesso em: 3 abr. 2016.

A respeito da alternativa da igreja local em diversos lugares, Rogério Hernandez de Oliveira trata, nesse artigo, sobre a nova alternativa de igreja multilocal.

Atividades de autoavaliação

1. Sobre as novas configurações de igreja, é correto afirmar:
   a) As igrejas *multi-site*, *campus*/*campi* e satélite/polo enquadram-se nos novos moldes de configuração de igreja.

b) As igrejas *multi-site* não partilham da mesma visão e dos mesmos valores.

c) A *multi-site* não é uma igreja local, pois congrega em vários espaços distintos.

d) A configuração *multi-site* só atende igrejas ligadas a uma denominação específica.

2. Sobre as novas configurações de igreja, é correto afirmar:

a) O grande interesse de líderes locais pela *multi-site church* está na forma inovadora e atual de organização, que proporciona uma funcionalidade bastante eficaz.

b) Megaigrejas, como a Saddleback Church e a Willow Creek Community, não podem se utilizar de configurações *multi-site* pelo simples fato de serem megaigrejas.

c) A configuração *campus* geralmente tem um pastor local, responsável pelas pregações e pelo ensino.

d) A Colômbia foi o país precursor da configuração *campus* por ocasião da sua disseminação dentro do movimento G12.

3. As seguintes proposições apresentam **duas** proposições **corretas**. Assinale-as e, depois, marque a alternativa correspondente:

ɪ) A configuração *campus* ou *campi* se refere a uma igreja que, assim como a igreja *multi-site church*, reúne-se em vários locais para a realização de seus cultos.

ɪɪ) A configuração *campus* local é um modelo no qual a igreja utiliza a tecnologia para cultuar dentro de um mesmo *campus*, mas em ambientes diferentes.

ɪɪɪ) A configuração *campus* regional é adaptável apenas às grandes igrejas.

ɪv) Na configuração *campus* descentralizado, o pastoreio é realizado por um pastor local.

As novas configurações de igreja

a) As proposições I e II estão corretas.
b) As proposições I e III estão corretas.
c) As proposições II e III estão corretas.
d) As proposições II e IV estão corretas.

4. Marque a alternativa correta a respeito das proposições a seguir:
   I) A configuração *campi* descentralizados dificulta uma padronização dos cultos.
   II) A configuração *campi* descentralizados é formada por vários *campi*.
   III) Na configuração *campi* descentralizados existe um pastor local responsável pela pregação.
   IV) A prática do rodízio de pastores pregadores é uma das características da configuração satélites.
   a) As proposições I e II estão corretas.
   b) As proposições II e IV estão corretas.
   c) As proposições II e III estão corretas.
   d) As proposições III e IV estão corretas.

5. Assinale F para as proposições falsas ou V para as proposições verdadeiras. Depois, escolha a alternativa que contém a sequência correta:
   ( ) Um dos pontos negativos dos *campi* descentralizados é a possível falta de afinidade entre o pastor pregador e o público local do *campus*.
   ( ) A configuração que se utiliza de *campi* públicos é, geralmente, a mais cara de todas as novas configurações propostas.
   ( ) A utilização de *campi* regionais facilita o nascimento e o desenvolvimento de novas lideranças.
   ( ) A configuração *multi-site*, geralmente, não tem a mesma diretoria.

a) V, V, F, F.

b) V, F, V, F.

c) V, F, F, V.

d) F, F, F, F.

Atividades de aprendizagem

Questões para reflexão

1. Elabore uma frase que sintetize a ideia principal da configuração *multi-site*.

2. Escreva um pequeno texto que explique as diferentes formas da configuração *campus*.

Atividade aplicada: prática

Faça uma pesquisa sobre as igrejas brasileiras que utilizam as novas formas de configuração eclesiásticas abordadas neste Capítulo. Depois, liste pelo menos cinco dessas igrejas e comente sobre a configuração utilizada em cada uma delas.

capítulo oito

Os paradigmas da igreja contemporânea[1]

---

[1] Todas as passagens bíblicas indicadas neste capítulo são citações de Bíblia (2002).

Antes de tratarmos sobre os paradigmas da igreja contemporânea, é preciso salientar que a *igreja contemporânea*, aqui abordada, nada tem a ver com a igreja que visa defender a prática da homossexualidade ou a prática *gay* no meio cristão. É importante esclarecer isso porque muitos também têm chamado essa igreja de *igreja contemporânea*.

Para o autor estadunidense Rob Bell[2], é possível considerar como *igreja contemporânea* toda e qualquer comunidade que mantenha a fé cristã, mas que também se comprometa a realizar

---

2 **Rob Bell** é norte-americano e pastor da Mars Hill Bible Church, uma das igrejas que mais crescem nos Estados Unidos da América. É graduado pela Faculdade Wheaton e pelo Seminário Teológico Fuller, em Pasadena (Califórnia, EUA). Atualmente, Bell também se dedica a escrever livros teológicos voltados para o público cristão, além de dirigir curtas-metragens.

mudanças e promova o crescimento e a transformação (Bell, 2008). Ele destaca que o próprio Senhor Jesus foi um promotor de mudanças, porque levou pessoas a repensarem a sua fé, a Bíblia, o amor e a esperança.

Bell (2008) diz que *igreja* é aquela comunidade que toma parte de um processo infindável de prática de vida, o qual implica viver da maneira que Deus desejou que o ser humano vivesse. Para o autor, *igreja* é uma comunidade apaixonada que tende a permanecer aberta, mas inflexível quanto às suas convicções. No entanto, isso não quer dizer que a igreja deva ser estática. Sobre isso, ele explica o seguinte:

> *Os tempos mudam. Deus não muda, mas o tempo sim. Nós aprendemos e crescemos, o mundo a nossa volta muda, e a fé cristã é viva apenas quando é ouvida, retocada, inovada, quando abandona tudo que atrapalha no caminho de Jesus e adota tudo quanto nos ajudará a ser cada vez mais o povo que Deus quer que sejamos. [...] Cerca de 500 anos atrás, um homem chamado Martinho Lutero fez uma série de perguntas a respeito do quadro que a igreja estava apresentando ao mundo. Ele insistiu que a graça de Deus não podia ser comprada com dinheiro nem com boas obras. Seu desejo era que todos tivessem seu próprio exemplar da Bíblia na língua que falavam e liam. Lutero afirmava que todos tinham um chamado divino para servir a Deus, não apenas os clérigos, que tinham ofícios nas igrejas. Essa ideia era revolucionária para o mundo da época. [...] As coisas mudaram. Milhares de pessoas tiveram acesso a Deus de maneiras até então desconhecidas.* (Bell, 2008, p. 11-12)

Fazendo uma adequação da perspectiva de *igreja* defendida por Bell àquilo que se entende, hoje, por *igreja brasileira*, parece ser correto afirmar que esta vive em **constante transformação**. É justamente por esse motivo que surge a dificuldade em defini-la de maneira concreta. Assim, a igreja brasileira é composta por pessoas

Igreja, aqui, não é uma organização que apenas mantém uma tradição sem modificá-la ao longo do tempo. Igreja é um organismo capaz de criar coisas novas e belas, que sejam perfeitamente necessárias para os padrões de hoje.

que nunca param de repensar a fé cristã e redesenhar sua fé, aos moldes do que aconteceu nos tempos da Reforma Protestante.

A dificuldade em se definir a igreja brasileira está no fato de que ela está em constante reforma, em constante processo de revisão e remodelamento para promover as mudanças necessárias em cada tempo. Se é difícil obter uma definição sobre a igreja brasileira atualmente, ainda mais difícil será definir como ela será amanhã, pois esse processo de mudança e remodelamento é contínuo e interminável. Aliás, ele só terminará quando a volta final e definitiva de Cristo acontecer, em data que não pode ser prevista pelos seres humanos.

Portanto, quando o termo *igreja* é utilizado nesta obra, ele é mencionado com a intenção de se referir às igrejas que estão em constante revisão e reelaboração. Já quando o termo *pastor* é empregado, refere-se à corrente de pastores dessas igrejas já citadas e que têm no coração a crença de que Deus não os deixou sozinhos e abandonados, mas os envolveu na história, de modo a usá-los como seus instrumentos no mundo atual.

Tendo isso em vista, a palavra *pastor* é usada aqui para se referir aos pastores que possuem um conhecimento teológico sobre Deus, mas que não se esquivam de continuar a incessante tarefa de reformar e redefinir a fé cristã para o presente momento, bem como vivê-la e explicá-la para as pessoas desta geração. É por isso que os pastores da atual igreja brasileira precisam ter em mente o real significado de *ser cristão* nos dias de hoje e correlacionar o cristianismo ao modo de vida das pessoas deste tempo, numa tentativa de buscar a Deus, experimentar a sua presença e procurar compreender exatamente o que vem a ser a fé cristã neste tempo.

Portanto, *igreja*, aqui, não é uma organização que apenas mantém uma tradição sem modificá-la ao longo do tempo. **Igreja** é um organismo capaz de criar coisas novas e belas, que sejam perfeitamente necessárias para os padrões de hoje. A igreja brasileira é uma comunidade composta de pessoas que estão em movimento, seja discutindo e estudando, seja compartilhando ou experimentando a fé cristã em seu tempo.

8.1 Descobrindo as áreas fortes e os limites da igreja

Assim como uma pessoa, toda igreja tem seus pontos fortes e fracos. Ela tem áreas que se destacam do ponto de vista positivo, mas também apresenta áreas em que tem dificuldade de atuar ou de ser referência positiva, áreas em que é extremamente limitada em relação a outras igrejas locais.

Um dos erros muito comuns em que uma igreja incorre é o de investir mais nos seus pontos fracos do que nos seus pontos fortes. Obviamente, as deficiências sempre precisam ser melhoradas, mas a questão é que há pontos tão negativos que, ainda que tentemos transformá-los em pontos positivos, existe a grande chance de nunca sermos referência nessa área.

Por outro lado, às vezes possuímos pontos tão fortes que deixamos de melhorá-los ainda mais, devido a um gasto de tempo excessivo nos pontos considerados fracos demais. É por isso que uma igreja precisa descobrir seus pontos fortes, mas também conhecer os seus limites. Em outras palavras, uma igreja precisa saber onde pode ousar e onde não deve agir desafiadoramente.

Os paradigmas da igreja contemporânea

Os autores Marcus Buckingham[3] e Donald O. Clifton[4] defendem que é necessário **desenvolver os talentos especiais** das pessoas que lideramos (Buckingham; Clifton, 2008). Cremos ser esse também um paradigma a ser quebrado na igreja contemporânea, pois eles não têm sido desenvolvidos até aqui. Numa igreja, por exemplo, é preciso identificar os talentos dominantes das pessoas que dela participam.

8.2 Transformando obstáculos em oportunidades

Quando fui convidado para pastorear a igreja da qual sou pastor atualmente, o grupo que me convidara era formado por apenas 20 pessoas. A igreja se reunia em uma sala comercial locada – por sinal, muito mal localizada.

O fato de não termos um imóvel próprio, como a maioria das igrejas da minha denominação, exigiu de nós, desde o início, um esforço sobrenatural para equilibrarmos as finanças da igreja, bem como para angariar fundos para o pagamento do aluguel, das despesas fixas mensais e da remuneração pastoral. No entanto, hoje temos a convicção de que o **obstáculo** de não ter um imóvel próprio **se transformou numa grande oportunidade** de sairmos

---

3   **Marcus Buckingham** é vice-presidente sênior do Gallup e coautor de *Primeiro quebre todas as regras!* É prestigiado integrante do Washington Speakers Bureau, escritório que organiza palestras de renomados profissionais, e mora com a esposa em Nova Iorque (EUA).

4   **Donald O. Clifton** é considerado o "pai da psicologia dos pontos fortes" pela Associação Americana de Psicologia. É o principal idealizador de um teste denominado *Descubra a fonte dos seus pontos fortes* e vive na cidade de Lincoln, no Nebraska (EUA).

daquele local em busca de outras opções que pudessem comportar mais pessoas; ou seja, reconhecer os nossos limites tornou-se uma grande oportunidade para ampliarmos nossas tendas.

Como sou um especialista e profundo pesquisador de igrejas urbanas, sei que grande parte das igrejas que têm templo próprio apresenta dificuldades em abrir mão da sua sede ou do seu patrimônio para correrem riscos que são inerentes a quem deseja alcançar mais pessoas. Nossa igreja, hoje, ainda não tem sua sede própria, mas loca um prédio com quase 2 mil metros de área construída e que tem um templo onde, atualmente, colocamos 250 cadeiras (ainda que saibamos que caibam bem mais).

Sempre digo à nossa liderança que nosso ponto mais negativo, que é o fato de não ter um imóvel, tornou-se nosso grande trunfo, pois não nos apegamos, em nenhum momento, a um patrimônio que limitasse nosso crescimento. A prova disso é que, num espaço de apenas cinco anos, já estamos ocupando o quarto prédio.

Esse é o grande desafio que pastores e líderes cristãos precisam incutir no pensamento dos membros de suas igrejas locais: **é necessário transformar os obstáculos em oportunidades** – ou, como diria um ditado popular bastante antigo, "com crise se cresce". Logo, de vez em quando precisamos usar as nossas fragilidades em prol da expansão do Reino de Deus.

É muito interessante estudar o livro de Atos dos Apóstolos, que conta o desenvolvimento da Igreja primitiva, desde os tempos de Jesus Cristo até sua expansão para os gentios e para o mundo da época. Numa dessas leituras, percebemos que existiu algo muito interessante entre os acontecimentos ocorridos, desde o texto final do primeiro Capítulo até o início do oitavo Capítulo (Atos, 1: 8; 8: 1).

Em Atos, 1: 8, Jesus deixou aos seus discípulos, que estavam lotados em Jerusalém, uma preciosa orientação (Atos, 1: 8): Ele disse que eles deveriam ser testemunhas tanto em Jerusalém como em

Os paradigmas da igreja contemporânea

toda Judeia, Samaria e, até mesmo, nos confins da Terra. Num primeiro momento, eles cumpriram – ao menos em parte – a solicitação de Jesus. Sob a liderança do apóstolo Pedro, a Igreja se expandiu por toda a cidade de Jerusalém, alcançou um grande percentual da cidade e o crescimento explodiu, a ponto de se afirmar que, em algumas situações, milhares de pessoas se convertiam, como o que ocorreu logo após as pregações de Pedro.

O grande problema é que, após esse crescimento estrondoso e sobrenatural, a Igreja não se preocupou em evangelizar outras regiões da Judeia e de Samaria, muito menos os confins da terra. É por isso que no mesmo livro de Atos dos Apóstolos, Capítulo 8, o escritor Lucas diz que sobreveio uma perseguição sobre os cristãos de Jerusalém, a ponto de a maioria deles ter de se espalhar por muitas outras regiões (Atos, 8: 1).

Esse foi um momento da história em que a Igreja primitiva utilizou o obstáculo da perseguição para fazer com que a Igreja de Cristo se expandisse até os confins da terra. É por isso que nos arriscamos a dizer que, de vez em quando, o próprio Deus é capaz de permitir algumas dificuldades a sua Igreja, para que esta venha a perceber que os obstáculos são grandes oportunidades de crescimento.

8.3 Atualizando o sistema operacional da igreja

Um dos principais desafios enfrentados pela igreja contemporânea é a atualização do seu sistema operacional. Há igrejas que obtiveram grandes feitos no passado, cresceram e alcançaram pessoas duas ou três décadas atrás e se tornaram grandes igrejas em suas regiões. No entanto, continuam a realizar tudo da mesma forma que sempre fizeram, sem se perguntar se as coisas que lhes trouxeram sucesso no passado ainda são eficazes no presente.

O escritor norte-americano Rob Bell, que é pastor da Mars Hill Bible Church, uma das igrejas que mais crescem nos Estados Unidos, diz que é preciso continuar reformulando a maneira de definir a fé cristã, bem como a maneira de vivê-la e explicá-la (Bell, 2008). Ainda que, para muitos teólogos, Bell seja visto como um pastor de posturas mais liberais, talvez seja importante pensar se não foi por isso que Jesus Cristo se tornou um grande exemplo: por ser alguém que se preocupou em mostrar uma nova perspectiva ao mundo em que vivia.

Bell (2008) defende que a igreja precisa, de maneira constante, continuar se reformando para alcançar as pessoas com maior eficácia. E isso não envolve apenas produzir mudanças plásticas e superficiais, como buscar uma melhor iluminação ou contemporaneizar a música na igreja; significa também reafirmar convicções a respeito de Deus, de Jesus, da Bíblia, da salvação e do futuro.

Há igrejas na atualidade que ainda atuam com suas frentes ministeriais nos mesmos moldes de seus antepassados. Timothy Keller (2014) diz que uma das preocupações que uma igreja centrada deve ter é o equilíbrio dos seus ministérios, e isso inclui equilibrar as metáforas bíblicas de igreja e quebrar o paradigma liberal/conservador.

O autor norte-americano Reggie Joiner[5] diz que, dentre as várias palavras que devem compor o pensamento de uma igreja na atua-

---

5   **Reggie Joiner** é fundador e CEO do *reThink Group* (Grupo rePensar), uma organização sem fins lucrativos que fornece materiais e treinamentos para ajudar igrejas a maximizar sua influência no crescimento espiritual das novas gerações. Ele, junto com Andy Stanley, é fundador da North Point Community Church, na qual atua como diretor do Ministério da Família.

Os paradigmas da igreja contemporânea

lidade, estão *união, participação, integração, sincronização, ligação, fundição, combinação, sincronia, conexão, convergência, unificação, participação, intersecção* e *parceria*.

Em outras palavras, Joiner (2012) diz que as igrejas devem mudar o seu jeito de pensar as coisas. Ele afirma que, enquanto a igreja continuar a fazer o que tem feito até aqui, os resultados obtidos serão os mesmos. Para ele, a produção de novos frutos denota a adoção de novas estratégias (Joiner, 2012).

Parece-nos que essa afirmação de Joiner vem de encontro à velha afirmação do cientista Albert Einstein[6], que diz que não adianta nada tentar resolver os problemas com o mesmo tipo de pensamento usado quando esses mesmos problemas foram criados.

8.4 Aspectos práticos da metodologia da administração

Um dos principais segredos da administração de uma igreja é a utilização da **estratégia**. Sem a elaboração de estratégia, é praticamente impossível criar sinergia; e sem sinergia, fica difícil influenciar uma igreja. Se a igreja não é influenciada, não vai influenciar a sociedade.

---

6   **Albert Einstein** foi um importante físico alemão que viveu no século XX. Ele residiu em diversos países, como Itália, Suíça e Estados Unidos. Einstein se tornou conhecido por desenvolver a Teoria da Relatividade Geral, que veio a se tornar um dos dois pilares da física moderna, ao lado da teoria da física quântica. Ele foi laureado com o Prêmio Nobel de Física em 1921. Ao longo de sua vida, publicou mais de 300 trabalhos científicos.

Quando o líder de uma igreja consegue influenciar estrategicamente sua equipe principal, ele exerce uma liderança alinhada, o que significa que sua administração será muito mais tranquila e eficaz. Quando isso acontece, discussões a respeito da visão ou da forma como se administram as coisas tendem a ser mais amenas.

Outro aspecto prático da administração é que o administrador precisa ter certeza de que todos os que estão liderando com ele caminham em direção ao **mesmo objetivo**. Todos os líderes precisam ter a mesma visão, o que não significa que eles devam pensar exatamente igual ou que sejam robôs, mas que jamais discutirão o enfoque principal da organização.

Assim, a aplicação de estratégias corretas, associada à sinergia com pessoas que têm o mesmo foco, é o grande segredo para a liderança de uma igreja contemporânea. A seguir, estudaremos um pouco sobre a atuação estratégica que a igreja pode vir a ter mediante os meios de comunicação e a imprensa.

8.5 Igreja, comunicação e imprensa

Na área da **comunicação**, a igreja contemporânea tem dois grandes desafios principais: o de se **comunicar** com **os de fora** e o de se comunicar com **os de dentro**. Diríamos que esses dois desafios já são grandes demais, a ponto de darem muito trabalho à igreja, prejudicando-a.

Quando se trata da comunicação visando ao público externo, é primordial que a igreja se utilize tanto de ferramentas tecnológicas como de recursos tradicionais para a sua comunicação. Entre as

Os paradigmas da igreja contemporânea

ferramentas tecnológicas estão as mídias sociais, a utilização de *websites*, a propagação de vídeos e a transmissão dos cultos.

Entre as formas mais tradicionais de comunicação externa estão a utilização de *outdoors*, placas indicativas, adesivos, camisetas e até mesmo recursos advindos da imprensa, como o rádio e a televisão. Cabe lembrar que, nesses dois últimos casos, o alcance tende a ser muito maior, mas o custo também é, por vezes, elevado demais para a maioria das congregações.

Quanto ao público interno, a própria forma como os membros se vestem e se expressam num ambiente de culto já é uma forma de comunicação. A liturgia de um culto também diz muito a respeito de uma igreja. A forma como uma igreja insere dentro de seu culto as músicas, a mensagem, a oração e os avisos podem dizer muito mais do que o que se prega oficialmente.

8.5.1 Mídia e religião

A relação existente entre a mídia e a religião nem sempre é amistosa e os frutos da exposição da igreja na mídia nem sempre são positivos. Em nossos dias, temos o exemplo de igrejas com pouca credibilidade, que acabam até mesmo atrapalhando a propagação séria do evangelho, realizada por igrejas mais comprometidas.

É claro que isso não significa que uma igreja séria deva deixar de procurar formas de se apresentar pela mídia. Até porque, quanto mais exposição midiática a igreja tiver, mais pessoas vão conhecê-la e, consequentemente, mais pessoas terão acesso a Jesus por intermédio dela.

Entre as igrejas que mais têm se destacado na mídia está a Igreja Universal do Reino de Deus, que tem utilizado diversas estruturas de comunicação midiática, como a Rede Record

(São Paulo), a RedeTV! (São Paulo) e ainda a TV Pampa, de Santa Maria (RS).

A grande verdade é que, mais do que nunca, a religião está adentrando os lares das pessoas pelos meios de comunicação, principalmente o rádio e a televisão. O fato é que dificilmente encontraremos pessoas que, em nossos dias, nunca tenham ligado seu televisor ou seu rádio sem ter sintonizado um programa religioso.

É inconcebível que uma igreja contemporânea não tenha pelo menos um site para transmitir às pessoas as principais informações sobre ela ou mesmo uma página em um canal de mídia social.

Para essas igrejas, por vezes é um problema que a utilização da mídia não seja privilégio de grupos protestantes, pentecostais, neopentecostais, ou mesmo católicos. Isso vem do fato que espíritas, umbandistas e outros tantos grupos existentes também têm acesso aos diversos meios de comunicação, o que possibilita a multiplicidade de informação e diversidade.

8.5.2 Ministérios e meios de comunicação

Hoje em dia, não basta uma igreja expor o "seu todo" para as pessoas. As pessoas que buscam uma igreja possivelmente terão interesse em participar de um ministério específico. Por essa razão, cada ministério da igreja deve ter o seu espaço para se fazer conhecido pelas pessoas.

Na atualidade, as igrejas têm à disposição uma infinidade de **meios de comunicação** para **interagir** com as pessoas. Entre as formas mais comuns e econômicas de comunicação atual estão as **mídias sociais,** as redes sociais e uma infinidade de meios tecnológicos que se apresentam, a cada dia, como alternativa a ser utilizada pelas igrejas. É praticamente inconcebível que uma igreja contemporânea não tenha pelo menos um *site* para transmitir às pessoas

Os paradigmas da igreja contemporânea

as principais informações sobre ela ou mesmo uma página em um canal de mídia social (como o Facebook®, por exemplo).

Outra questão fundamental em nosso tempo é a da comunicação dos variados ministérios que uma igreja pode ter. Os líderes ministeriais de uma igreja precisam dispor de conhecimento e habilidade necessários para se comunicarem por meio das melhores e mais atuais formas com o seu público, seja ele interno, seja externo.

8.5.3 Preparando a casa para receber convidados

O primeiro passo para se receber bem um convidado é **não constrangê-lo**. Nesse sentido, o investimento no ministério de recepção e no ministério de integração é fundamental. Via de regra, esses ministérios têm sido formados por leigos, mas cremos também estar na hora de os clérigos de plantão se envolverem nessa área.

A liturgia também deve ser adequada ao público externo. É por isso que nem sempre as músicas e as mensagens apresentadas em um culto contemporâneo serão do gosto das pessoas. Às vezes, é necessário que elas façam um esforço para ouvir e cantar aquilo que pode fazer sentido para o visitante.

8.5.4 Lidando com os desigrejados

O fenômeno dos desigrejados tem afetado a nação brasileira de norte a sul e de leste a oeste. Os desigrejados são um grupo de pessoas que não frequentam uma igreja formal, mas que procuram seguir a Cristo sem depender de uma igreja local.

Via de regra, os desigrejados não fazem parte de uma placa denominacional e visam estar de fora de todo e qualquer sistema religioso, seja ele católico, seja evangélico. Geralmente, os desigrejados utilizam textos bíblicos que possam ser, de alguma maneira, interpretados de forma a incentivar o cristão a não participar oficialmente de uma igreja local.

Entre os textos utilizados por eles está a epístola aos Romanos, 13, na qual o apóstolo Paulo diz:

> **O amor, síntese da Lei** – *Não devais nada a ninguém, a não ser o amor mútuo, pois quem ama o outro cumpriu a Lei. De fato, os preceitos: Não cometerás adultério, não matarás, não furtarás, não cobiçarás, e todos os outros se resumem nesta sentença: Amarás o teu próximo como a ti mesmo. A caridade não pratica o mal contra o próximo. Portanto, a caridade é a plenitude da Lei.*

> **O cristão é filho da luz** – *Tanto mais que sabeis em que tempo estamos vivendo: já chegou a hora de acordar, pois nossa salvação está mais próxima agora do que quando abraçamos a fé. A noite avançou e o dia se aproxima. Portanto, deixemos as obras das trevas e vistamos a armadura da luz. Como de dia, andemos decentemente; não em orgias e bebedeiras, nem em devassidão e libertinagem, nem em rixas e ciúmes. Mas vesti-vos do Senhor Jesus Cristo e não procureis satisfazer os desejos da carne.* (Romanos, 12: 8-14)

Esse texto paulino tem sido muito utilizado por grande parte dos desigrejados para autenticar sua conduta de não participar em uma igreja local. No entanto, o que precisamos perceber é o contexto em que Paulo escreve essa orientação.

Se voltarmos um pouco, no início do Capítulo 13 da mesma epístola aos Romanos – trecho imediatamente anterior ao transcrito anteriormente –, perceberemos que a ênfase de Paulo está exatamente em se sujeitar a uma autoridade, seja ela eclesial, seja governamental. Eis a orientação anterior ao texto:

Os paradigmas da igreja contemporânea

Submissão à autoridade civil – *Todo homem se submeta às autoridades constituídas, pois não há autoridade que não venha de Deus, e as que existem foram estabelecidas por Deus. De modo que aquele que se revolta contra a autoridade, opõe-se à ordem estabelecida por Deus. E os que se opõem atrairão sobre si a condenação. Os que governam incutem medo quando se pratica o mal, não quando se faz o bem. Queres então não ter medo da autoridade? Pratica o bem e dela receberás elogios, pois ela é instrumento de Deus para te conduzir ao bem. Se, porém, praticares o mal, teme, porque não é à toa que ela traz a espada: ela é instrumento de Deus para fazer justiça e punir quem pratica o mal. Por isso é necessário submeter-se não somente por temor do castigo, mas também por dever de consciência. É também por isso que pagais impostos, pois os que governam são servidores de Deus, que se desincumbem com zelo do seu ofício. Dai a cada um o que lhe é devido: o imposto a quem é devido; a taxa a quem é devida; a reverência a quem é devida; a honra a quem é devida.* (Romanos, 13: 1-7)

É nítido, nesse texto, que a ênfase de Paulo está no princípio da autoridade e da submissão. Parece ser essa a principal questão que tem levado pessoas a aderirem ao fenômeno dos desigrejados, que tem crescido a cada dia.

Cremos que a maioria dos desigrejados não são contra a instituição *Igreja*, mas contra os mandos e desmandos cometidos por líderes e autoridades religiosas que abusam do poder. É por isso que, ao lidar com um desigrejado, é preciso fazê-lo entender que nem todo líder religioso faz mau uso da autoridade que lhe é atribuída, embora saibamos que líderes assim existem e que devem ser desmascarados.

Um outro texto bíblico utilizado pelos desigrejados é o de Apocalipse, 18: "Ouvi então uma outra voz do céu que dizia: 'Saí dela, ó meu povo, para que não sejais cúmplices dos seus pecados e atingidos pelas suas pragas'" (Apocalipse, 18: 4)

O texto diz respeito à queda da Babilônia, que muitos interpretam como sendo a queda da Igreja. Sinceramente, ainda que, porventura, venha a ser essa a interpretação correta, não seria inteligente dizer que devemos abandonar a igreja por conta do pecado das pessoas que a frequentam.

Obviamente, toda igreja tem seus problemas – até porque toda igreja é formada por pessoas – e, onde há pessoas, há problemas. Porém, se a cada vez que avistássemos um problema numa igreja fôssemos abandoná-la, certamente não conseguiríamos frequentar uma igreja por muito tempo.

Jesus Cristo, durante o seu ministério, deu-nos o grande ensinamento de poder lidar com diferentes tipos de pessoas – inclusive com pessoas pecadoras. Logo, não vemos sentido na utilização desse texto do livro do Apocalipse de João como argumento para se tornar um desigrejado.

Se assim fosse, não acreditamos que o apóstolo Paulo teria investido quase toda a sua vida na plantação e no pastoreio de igrejas locais, até porque todos nós sabemos que ele, ao escrever as suas cartas, costumava até mesmo colocar no papel parte dos problemas de cada uma das igrejas a quem ele escrevia – mas nem por isso ele as abandonou. Pelo contrário, continuou dedicando a sua vida para a edificação de muitas igrejas locais.

Os paradigmas da igreja contemporânea

8.6 A interdenominalização das igrejas

A interdenominalização é um fenômeno crescente, no qual uma denominação religiosa se relaciona com outra diferente, por encontrarem pontos comuns entre si, mesmo sabendo das suas possíveis diferenças teológicas, dogmáticas ou religiosas. É uma espécie de diálogo ecumênico, mas não tão aberto, pois geralmente abrange apenas denominações cristãs, que acreditam em Jesus, professam a sua fé e se reúnem localmente em suas congregações.

Esse acontecimento tem sido cada vez mais comum no Brasil e teve suas raízes nos Estados Unidos. Um dos motivos pelos quais a prática da interdenominalização é crescente é em razão do aumento da diversidade de pensamento e de liturgia existentes dentro das **próprias denominações**. Hoje em dia, é comum igrejas de uma mesma denominação serem tão diferentes em suas práticas litúrgicas, que é mais fácil igrejas de diferentes denominações encontrarem entre si pontos em comum.

A respeito desse assunto, leia a seguir um comentário a uma entrevista do teólogo Russel D. Moore ao Wall Street Journal.

> *Moore disse que cada vez menos cristãos norte-americanos se identificam com uma denominação religiosa em particular [...] e cada vez mais escolhem uma Igreja baseando-se em questões mais práticas. [...] Os reformadores querem voltar ao básico, para recuperar a centralidade de um relacionamento pessoal com Jesus: "Ser membro de uma Igreja não faz de você um Cristão, da mesma forma que viver em uma garagem não faz de você um carro."* (Cavallera, 2011)

Um bom exemplo da força que esse movimento tem ganhado nos últimos anos é o crescimento dos congressos e fóruns promovidos por instituições interdenominacionais face à perda de força dos congressos denominacionais. Isso nos leva a entender que é bem possível que, num curto período de tempo, as convenções denominacionais percam cada vez mais a sua força em detrimento do encontro cada vez maior de afinidades entre igrejas de diferentes denominações.

Quando uma igreja encontra em outra igreja – ainda que sejam de denominações diferentes – pontos em comum e afinidade de visões ministeriais, torna-se muito mais interessante para ela compartilhar suas práticas, sua vivência, seus recursos e seu *know-how* com essa outra igreja. Quando isso acontece, o relacionamento interdenominacional cresce.

Outro fator preponderante no crescimento interdenominacional está no fato de que boa parte das lideranças que compõem cargos ou funções dentro das convenções denominacionais não estão acompanhando a evolução das novas formas eclesiológicas que vêm surgindo no nosso país. Os líderes convencionais, de uma maneira geral, não estão se especializando e buscando a reciclagem pessoal e ministerial.

Contudo, muitos pastores locais, hoje, entendem muito mais dos movimentos eclesiológicos existentes em nosso país e, desse modo, conseguem fazer uma melhor e mais rápida leitura das tendências do nosso tempo. Na verdade, os líderes convencionais deveriam ser referência em pesquisa e, assim, antecipar as tendências. No entanto, o que se vê é a ausência de parte dos líderes denominacionais nos grandes fóruns de discussão interdenominacional, bem como sua acomodação em termos de buscar estudar o movimento do cristianismo na atualidade.

Outra prova disso é que, assim como em outros meios, existe um baixo percentual de líderes convencionais buscando especialização em instituições de ensino. Há quase total ausência de líderes

Os paradigmas da igreja contemporânea

denominacionais que se dedicam a cursar mestrados e doutorados com a intenção de aprender mais, reciclar-se e antecipar tendências.

8.7 A tríade *culto-crianças--estrutura*

Uma igreja urbana dificilmente se desenvolverá se não oferecer um culto contemporâneo, uma boa equipe que pastoreie as crianças e uma estrutura física adequada, capaz de abrigar os veículos de seus frequentadores. Além do mais, todo **ministério infantil** também precisa de um espaço físico adequado, que proporcione segurança às crianças.

Quanto à questão do culto, trataremos desse assunto com maior dedicação no próximo Capítulo. Salientamos, porém, que o culto cristão, dentro de uma estrutura eclesiástica, não tem apenas a intenção de agradar a Deus (embora esse seja o seu fator primordial), mas também deve proporcionar às pessoas que dele participam ficarem à vontade para cultuar Deus.

Em relação às crianças, encontrar voluntários competentes e comprometidos com o pastoreio infantil tem sido um grande desafio para muitas igrejas. Infelizmente, muitas delas negligenciam o pastoreio de suas crianças ao oferecerem, durante o período de culto, apenas um espaço com "babás" que possam entreter as crianças, de modo que elas não atrapalhem o culto dos adultos.

Em primeiro lugar, nem todas as igrejas oferecem uma estrutura física adequada e segura para o ministério infantil. Isso ocorre, em parte, porque o custo imobiliário nas grandes cidades está cada vez mais alto, o que, por vezes, inviabiliza (pelo menos financeiramente) o investimento das igrejas em grandes espaços físicos para crianças.

Em segundo lugar, são poucas as igrejas que têm pessoas remuneradas em suas equipes para atuar no ministério infantil. Há casos em que as igrejas reservam um percentual muito pequeno de seus orçamentos para investir nas crianças. Como a maioria das pessoas que atua no ministério infantil é voluntária, fica mais difícil de cobrar delas uma atuação mais enfática e eficaz, até porque nem sempre elas terão tempo suficiente para se dedicarem a essas atividades.

Em terceiro lugar, não são muitas as igrejas que têm a preocupação de inserir, dentro do seu quadro de professores, pessoas com formação em Pedagogia e Teologia. A junção de pedagogos e teólogos numa equipe para o ministério infantil pode facilitar o planejamento da grade curricular que será ensinada às crianças. Também facilitará a descoberta de dificuldades de aprendizado que, porventura, uma ou outra criança poderá apresentar.

> *Em relação às crianças, o desafio de encontrar voluntários competentes e comprometidos com o pastoreio infantil tem sido um grande desafio para muitas igrejas.*

Como dito anteriormente, a estrutura física de uma igreja tem sido um dos grandes desafios da igreja contemporânea. O custo imobiliário impede, por vezes, que igrejas se reúnam em estruturas físicas grandes e bem localizadas. Um outro problema inerente à estrutura física é o estacionamento. A realidade urbana tem feito com que pessoas cruzem grandes distâncias dentro uma mesma cidade para frequentar a igreja de sua preferência.

Diferentemente do que acontecia há algumas décadas, atualmente as pessoas estão habituadas a uma mobilidade muito maior do que antigamente. Há duas ou três décadas, era muito natural as pessoas frequentarem igrejas no seu próprio bairro ou em bairros próximos de suas casas. Hoje, a situação é muito diferente.

Na igreja em que atuamos, por exemplo, há pessoas que moram a mais de 35 quilômetros de distância de nosso templo. Isso significa que essas pessoas se deslocam cerca de 70 quilômetros para ir aos

Os paradigmas da igreja contemporânea

cultos e às programações realizadas pela igreja e, depois, voltam para casa. Com isso, é natural que a igreja tenha de oferecer uma boa estrutura de estacionamento para esses frequentadores.

Síntese

Os dias atuais têm trazido à igreja enormes desafios. As pessoas vivem buscando opções de igrejas nas quais possam melhor se adaptar e servir. Nesse contexto, a igreja local tem a tarefa de identificar seus pontos fortes e suas áreas mais deficitárias, para que venha a alcançar o maior número possível de pessoas.

A tarefa de alcançar as pessoas de uma sociedade exige da igreja, muitas vezes, uma mudança de pensamento e de comportamento. É por isso que o sistema operacional de uma igreja precisa ser regularmente discutido e atualizado. Do contrário, a igreja não conseguirá fornecer às pessoas as respostas mais comuns de seu tempo.

Entre os desafios concernentes à igreja atual está o de repensar a sua administração. As metodologias utilizadas na administração das igrejas de nosso tempo nem sempre acompanham a evolução das mudanças na velocidade certa. Às vezes, a igreja não consegue, no tempo adequado, transformar os obstáculos em oportunidades. Outras vezes, ela não consegue interagir e se comunicar com as pessoas devido a uma linguagem repleta de jargões que se torna incompreensível para aqueles que não estão habituados a frequentar círculos eclesiásticos.

Outra preocupação da igreja contemporânea deve ser alcançar os desigrejados. É necessário ganhar a credibilidade deles e de todos aqueles que se encontram frustrados com as diferentes formas de igreja. Dentro desse processo, é necessário atentar para as vantagens da interdenominalização, que parece ser uma tendência sem volta.

Por último, mas não menos importante, a igreja deve pagar o preço de manter estruturas capazes de alcançar as pessoas, de forma a proporcionar uma liturgia adequada, um espaço de formação infantil eficaz e uma estrutura física capaz de fazer com que as pessoas entrem em um ambiente de culto e não precisem ficar se preocupando com o que acontece fora dele.

Indicações culturais

FÁBIO, C. **Como nascem os paradigmas e os condicionamentos pavlovianos**. Brasília, 2013. Palestra proferida no Programa Papo de Graça. Disponível em: <https://www.youtube.com/watch?v=FEKS-6kgJEc>. Acesso em: 3 abr. 2016.

O pastor Caio Fábio fala sobre como alguns paradigmas nascem e se tornam leis e dogmas dentro de uma igreja institucional.

KIVITZ, E. R. **Quebrando paradigmas**. out. 2013. Palestra. Disponível em: <https://www.youtube.com/watch?v=pUqUS5-siPk>. Acesso em: 3 abr. 2016.

Nessa palestra, Ed René Kivitz fala sobre a quebra de paradigmas. A quebra de paradigmas é uma situação característica da atualidade, em que se rompem as regras tradicionais e se questionam os modelos correntes na vida das pessoas.

LUTERO. Direção: Eric Till. Alemanha/EUA: MGM, 2003. 124 min.

Esse filme discute os paradigmas instalados em nome de Deus por meio da histórica trajetória do perseguido reformador alemão Martinho Lutero.

O NOME da rosa. Direção: Jean-Jacques Annaud. Itália/Alemanha: Columbia Pictures, 1986. 126 min.

Esse filme trata sobre a luta entre Igreja e Estado pelo controle da sociedade. Ele conta a história de um frade franciscano e seu aprendiz que são chamados para resolver um mistério mortal em uma abadia medieval, em 1327 d.C.

STEZER, E. **Mudanças de paradigma.** Rio de Janeiro, 2011. Palestra proferida na Conferência do Atos 29 Brasil. Disponível em: <https://www.youtube.com/watch?v=C2cTVsc48Sc>. Acesso em: 3 abr. 2016.

Nessa palestra, Ed Stezer, baseando-se em seu livro *Desvendando o código missional*, fala sobre os paradigmas e a missão da igreja na cidade.

Atividades de autoavaliação

1. Marque a alternativa correta:
    a) Assim como uma pessoa, toda igreja tem seus pontos fortes e seus pontos fracos.
    b) É melhor que uma igreja invista mais nos seus pontos fracos do que nos seus pontos fortes.
    c) Os pontos fortes de uma igreja não precisam ser melhorados.
    d) As tradições de uma igreja devem ser mantidas e jamais modificadas ao longo do tempo.

2. Marque a alternativa correta:
    a) A igreja não deve correr riscos para alcançar pessoas.
    b) É possível que um obstáculo a ser enfrentado por uma igreja venha a se tornar um grande trunfo.

c) Nunca se deve transformar obstáculos em oportunidades.

d) O sistema operacional de uma igreja não deve ser modificado.

3. Entre as seguintes proposições, **duas** estão **corretas**. Identifique-as e marque a alternativa correspondente:

   i) Os grandes feitos realizados por uma igreja no passado são a garantia de que ela será uma igreja eficaz no futuro.

   ii) É preciso sempre se perguntar se o que foi feito no passado continua a ser eficaz no presente.

   iii) Jesus Cristo foi um grande exemplo de alguém que se preocupou em mostrar às pessoas uma nova perspectiva de vida.

   iv) Rob Bell afirma que a igreja não tem a necessidade de se reformar.

   a) As proposições I e III estão corretas.

   b) As proposições I e II estão corretas.

   c) As proposições II e III estão corretas.

   d) As proposições II e IV estão corretas.

4. Analise as proposições e, depois, marque a alternativa correta:

   i) Simples mudanças plásticas e superficiais já serão capazes de contemporaneizar a igreja.

   ii) Timothy Keller não defende o equilíbrio ministerial dentro de uma igreja.

   iii) O autor norte-americano Reggie Joiner diz que, entre as várias palavras que devem compor o pensamento de uma igreja na atualidade, estão: *união, participação, integração, sincronização, ligação, fundição, combinação, sincronia, conexão, convergência, unificação, intersecção* e *parceria*.

   iv) Reggie Joiner diz que as igrejas devem mudar o seu jeito de pensar as coisas.

Os paradigmas da igreja contemporânea

a) As proposições I e II estão corretas.

b) As proposições II e IV estão corretas.

c) As proposições II e III estão corretas.

d) As proposições III e IV estão corretas.

5. Leia as proposições a seguir e assinale **F** para as falsas e **V** para as verdadeiras. Depois, marque a alternativa que contém a sequência correta:

( ) Um dos principais segredos da administração de uma igreja é a utilização da estratégia.

( ) Sem a elaboração de uma estratégia, é praticamente impossível criar uma sinergia.

( ) É mais fácil influenciar uma igreja sem a sinergia.

( ) Se a igreja já possui uma boa comunicação com aqueles que "são de dentro", não há necessidade de se preocupar com "os que são de fora".

a) V, V, F, F.

b) V, F, V, F.

c) V, F, F, V.

d) F, F, F, F.

Atividades de aprendizagem

Questões para reflexão

1. Escolha, entre as várias ferramentas tecnológicas que estão à disposição na atualidade, uma que melhor possa contribuir para a igreja local em que você está inserido.

2. Elabore um texto que explicite sua reflexão sobre a importância do estudo dos paradigmas da igreja contemporânea.

Atividade aplicada: prática

Entreviste três pastores ou líderes de igrejas locais e pergunte o que eles pensam sobre a relação da mídia com a igreja na atualidade.

capítulo nove

O culto contemporâneo[1]

---

1 Todas as passagens bíblicas indicadas neste capítulo são citações de Bíblia (2002).

A igreja evangélica brasileira só conseguirá alcançar as próximas gerações se dedicar-se a atender as necessidades apresentadas por elas. É por isso que o culto que a igreja celebra deve ter esse propósito. O culto não deve, necessariamente, agradar aos líderes da igreja ou à equipe pastoral, mas às gerações que a igreja quer alcançar e pelas quais se interessa.

Há quem diga que o culto deve ser prestado a Deus, o que é absolutamente correto. De fato, o culto deve ser prestado a Deus, mas as pessoas que prestam o culto precisam se sentir à vontade ao fazê-lo. Existem pastores que se preocupam apenas com a questão **teológica** e se esquecem das outras partes que envolvem o culto – o que é um grande equívoco.

A verdade é que os líderes cristãos precisam, cada vez mais, desenvolver a visão de planejar um culto capaz de atender às necessidades da geração atual. Enquanto essa geração não tiver suas necessidades atendidas, será muito difícil alcançarmos o seu coração.

A **contemporaneização do culto** é uma grande questão a ser pensada na atualidade. É por isso que a igreja evangélica brasileira precisa, de uma forma geral, dedicar-se a fazer uma revolução eclesiológica – e isso implica abandonar um culto "fora de moda" e abraçar um culto contemporâneo.

O sucesso de uma igreja contemporânea passa pela questão do culto, porque o culto é o cartão de visitas de uma igreja. Se alguém visita uma igreja pela primeira vez e não se sente impactado, dificilmente essa pessoa retornará, pois a primeira impressão é a que fica, e jamais teremos a oportunidade de causar uma "segunda boa primeira impressão".

Este Capítulo é dedicado à questão do culto contemporâneo, pois uma igreja contemporânea é aquela que apresenta um culto equilibrado, saudável e atual. É por conta disso que, a seguir, trabalharemos mais detalhadamente essa questão.

9.1 Como criar um ambiente de culto inspirador

O primeiro passo para se realizar um culto inspirador é definir seus blocos necessários. Um culto contemporâneo não pode ser cheio de quebras e paradas que desconcentrem os participantes. Provavelmente, já participamos de cultos nos quais o "senta e levanta" acontece todo o tempo, os avisos são colocados entre uma música e outra e, de vez em quando, surge uma pessoa que se acha no direito de "dar uma palavrinha".

O culto contemporâneo

O culto que alcança o coração das pessoas tem simplicidade e espiritualidade. Não é um culto muito longo, mas, apesar disso, consegue realizar tudo o que é preciso num período de, em média, uma hora e meia.

Na igreja em que atuamos, a Comunidade Batista de Curitiba, dividimos o culto em três principais blocos: louvor, mensagem e avisos. O momento de **louvor e adoração** é relativamente longo e dura cerca de 40 minutos. Durante esse tempo, não há quebras (o famoso "senta e levanta"), embora as pessoas estejam à vontade para se sentar e se levantar quando bem entenderem. Começamos o culto orando, partimos para as canções e, entre uma música e outra, realizamos o momento de intercessão e o de dedicação de dízimos e ofertas.

O segundo momento é o da **mensagem**. O pastor que irá pregar tem até 40 minutos para realizar a sua meditação de maneira simples, direta e com a utilização de recursos visuais – apresentações em PowerPoint, vídeos etc. A linguagem utilizada é mais coloquial e com a menor incidência possível de "evangeliquês".

> O culto que alcança o coração das pessoas é aquele que tem simplicidade e espiritualidade. Não é um culto muito longo.

O último momento do culto dura cerca de 15 minutos. É quando **oramos** pelo desafio que Deus colocou no coração de cada um durante o culto, **cantamos** uma canção que faz referência àquilo que foi pregado, **agradecemos** aos visitantes, **falamos** brevemente sobre a visão da igreja e **damos os avisos** da semana. O culto todo acontece em, no máximo, uma hora e meia.

Todavia, para que tudo isso aconteça, há um longo caminho a ser percorrido. As coisas, pelo menos nessa área, não acontecem do dia para a noite. Em nossa igreja, demoramos um certo tempo para encontrar essa configuração de culto – e ainda consideramos que, de tempos em tempos, precisaremos de mais alguns ajustes.

A seguir, elencamos algumas dicas sobre como tornar o culto de uma igreja mais contemporâneo e mais bíblico. Essas colocações são fruto de muitas pesquisas bibliográficas, visitas a centenas de igrejas brasileiras e, principalmente, de experiência pessoal.

9.2 O cuidado com a música

A música nos ajuda a exaltar a Deus, a entrar em sua presença e a entregar a ele o controle do culto. O tempo indicado para o momento de exaltação pode variar de 20 a 45 minutos, dependendo do estilo e da cosmovisão da igreja.

É importante que se tenha em mente que o momento musical precisa evidenciar a presença de Cristo e também permitir a socialização das pessoas. O autor Joel Comiskey[2] diz que entrar na presença de Deus é uma importante parte do momento de exaltação (Comiskey, 2008, p. 34).

9.2.1 Escolher um estilo

Quando se escolhe um estilo musical para uma comunidade cristã, é preciso se conscientizar de que é impossível agradar a todos, pois

---

2   **Joel Comiskey** é doutor em Estudos Interculturais pelo Seminário Teológico Fuller e internacionalmente reconhecido como consultor de igrejas em células. Serviu como missionário da Aliança Cristã e Missionária em Quito (Equador). Atualmente, está implantando uma igreja em células no sul da Califórnia. Escreveu *best-sellers* sobre o movimento mundial de igrejas em células e leciona como professor adjunto em diversos seminários teológicos. É considerado uma das autoridades mundiais no assunto de ministério em células. Pelo fato de escrever de uma perspectiva prática, ele costuma oferecer, em seus escritos, dicas valiosas que podem ser aproveitadas por pastores e líderes eclesiásticos.

a questão do gosto musical é um verdadeiro campo minado. As pessoas são diferentes, e só por esse motivo já podemos entender que elas pensam diferente, inclusive em relação à música.

Uma boa ideia a se fazer é escolher um estilo que agrade à maioria das pessoas da cidade ou da região em que a igreja estiver inserida. Se não sabemos qual é o tipo de música mais ouvido na nossa região, uma simples consulta na internet vai revelar quais são as rádios mais ouvidas da cidade.

Uma vez que sabemos quais são essas rádios, facilmente saberemos qual é o estilo musical que cada uma delas costuma tocar. E se o público daquela rádio for o público que desejamos alcançar, basta adaptar o estilo musical de sua igreja para o estilo tocado naquela estação.

Assim, a questão do estilo musical a ser utilizado na igreja deve ser condizente com o público que ela deseja alcançar. É uma questão muito óbvia, mas muito negligenciada em nossos dias. Acreditamos que a escolha do estilo de música de uma igreja poderá influenciar diretamente no seu crescimento, ou não.

Sempre dizemos que o que se canta e se toca em nossa igreja não é necessariamente o que nós gostamos, mas o que as pessoas que desejamos alcançar gostam. Se queremos alcançar nossos filhos, escolhemos um estilo que agrade a eles; se queremos alcançar nossos avós, escolhemos também um estilo que possa agradá-los.

O pastor Rick Warren, da Saddleback Church, diz o seguinte a respeito desse assunto: "As igrejas também precisam admitir que não existe um estilo de música 'sagrado'. O que faz a música sagrada é a sua mensagem. A música não é nada mais que um arranjo de notas e ritmos. São as palavras que fazem a música espiritual" (Warren, 2008, p. 251).

Warren (2008) também aponta para o fato de que o Espírito Santo de Deus tem atuado por milhares de anos por meio da música, e que durante todo esse tempo vários estilos musicais já foram usados para glorificar a Deus. Em outras palavras, insistir que um estilo é sagrado e que outro é profano é idolatria.

9.2.2 Selecionar a música

O pastor contemporâneo precisa ter uma visão *macro*, mas também precisa, pelo menos, ter ideia das questões *micro*, que não são necessariamente inerentes à sua função, mas que são coisas das quais ele precisa ter um conhecimento básico.

Uma dessas questões *micro* é a música. O pastor e os líderes principais da igreja precisam conhecer, ao menos, um pouco de música. Via de regra, pastores que não têm a mínima ideia sobre a questão musical acabam não conseguindo perceber o impacto que a música causa na vida dos frequentadores do culto. Esse impacto pode ser tanto positivo quanto negativo.

Recentemente, soubemos da história de um pastor que cantava tão mal e entendia tão pouco do assunto que a equipe que cuidava da gravação do culto resolveu fazer uma pegadinha com ele: eles isolaram o microfone dele durante o período de cânticos sem que ele soubesse e o gravaram cantando. Depois, deram para ele um CD com a cópia da gravação, apenas com a sua voz, sem nenhum instrumento. Foi aí que ele, que nunca tinha se ouvido cantando, descobriu que cantava muito mal.

9.2.3 Selecionar o repertório

O repertório de um culto deve estar em consonância com o tema e com os objetivos da mensagem a ser pregada. Nesse sentido, é preciso que o pastor pregador e o líder da música conversem previamente, de preferência já nos primeiros dias da semana, para combinarem o que acontecerá no culto.

Assim, os demais músicos terão tempo hábil para conhecer as músicas do próximo final de semana e se preparar para que as coisas aconteçam com toda a excelência possível. Por isso, não devemos nos contentar com um bom louvor, mas nos satisfazermos com um louvor excelente, lembrando que o maior inimigo do excelente é o bom, pois o bom tende a deixar as pessoas acomodadas.

O ideal para uma igreja contemporânea é que sejam escolhidas cinco ou seis músicas para o momento de cânticos. Embora saibamos que muitas igrejas costumam cantar um número bem menor de canções, precisamos lembrar que as novas gerações são cada vez mais movidas pela música.

Outro importante cuidado está em mesclar as músicas com expressões de adoração e orações. Como a música cantada num culto é para Deus, é importante que as letras sejam formadas por palavras que se **dirijam** a Deus, e não por temas que **falem** de Deus.

Nesse sentido, a música se torna uma verdadeira oração a Deus, o que amplia o conceito de espiritualidade e faz com que as pessoas sejam automaticamente inseridas em uma verdadeira atmosfera de adoração. Também vale salientar que músicas em que as palavras são proferidas de maneira muito rápida ou muito lenta tendem a dificultar o canto congregacional.

9.2.4 Preocupar-se com os visitantes

Devemos garantir que todo visitante possa ter acesso às letras das músicas cantadas. Embora saibamos que a geração pós-cristã nem sempre se sente à vontade em cantar, é pior ainda quando a igreja não lhe proporciona a condição adequada para isso.

Visitantes de primeira vez tendem a se sentir constrangidos quando não conseguem acompanhar a letra da música (Comiskey, 2008). Alguns recém-convertidos ou membros novos também podem não estar familiarizados com algumas canções e terão maior liberdade se tiverem acesso às letras, independentemente se são músicas novas ou antigas.

Outra questão que às vezes assusta os visitantes, ou que os deixa desconfortáveis, é o barulho exagerado dos instrumentos e da voz. Em algumas ocasiões, o som produzido pelo grupo musical é tão alto que não é possível ouvir as vozes das pessoas da congregação. Levando em conta que o momento de culto é congregacional, e não uma apresentação solo ou de banda, é absolutamente essencial que a congregação possa cantar e ser ouvida.

9.2.5 Investir na música

O salmista Davi, ao escrever para o mestre de música, diz assim: "[O Senhor] Pôs em minha boca um cântico novo, um louvor ao nosso Deus; muitos verão e temerão, e confiarão em Iahweh." (Salmos, 40: 4). A correta interpretação desse salmo nos leva a entender que as pessoas que ouvissem o cântico ser cantado poderiam temer a Deus e confiar Nele.

É interessante que muitas das igrejas que conheço invistam muito pouco no ministério de música. Quando comecei a atuar em nossa igreja, fiz uma proposta para a liderança local: "Eu topo trabalhar com vocês, mas quero trazer para cá alguém que possa ser o nosso ministro de música ou líder de louvor e espero que a igreja possa ajudá-lo financeiramente".

Investir na música é investir numa ferramenta absolutamente evangelística. Vivemos um tempo em que o evangelismo pessoal é escasso e as pessoas não param para ouvir uma evangelização pessoal.

Na época, para um grupo composto por apenas 20 pessoas, a ideia parecia loucura. Porém, na verdade, não estávamos subestimando o poder da música, já que um cântico é capaz de tocar o coração das pessoas da mesma forma que um sermão que o pastor prega.

É interessante que existam situações em que a música cantada pode tocar o coração das pessoas de uma forma que a mensagem do pastor não consegue. Lembro-me de uma ocasião em que uma visitante se sentiu tão impactada com as canções que cantávamos que, se eu não tivesse pregado naquele dia, talvez não fizesse tanta diferença, pois as canções já haviam tocado o coração dela.

Investir na música é investir numa ferramenta absolutamente evangelística. Vivemos um tempo em que o evangelismo pessoal é escasso e as pessoas não param para ouvir uma evangelização pessoal. Mas o interessante é que elas param para ouvir uma música – ou seja, há uma conexão bastante evidente entre a música e o evangelismo, e precisamos atentar para isso.

A música também é capaz de formar o caráter e os valores das pessoas, porque é uma comunicadora nata de valores. Há letras de músicas que há gerações comunicam uma ideia ou um valor específico. Isso quer dizer que a igreja também precisa usar a música para propagar valores espirituais. É por isso que o investimento na música não deve ser ignorado nem subestimado.

9.3 O cuidado com a mensagem

O sermão é, sem dúvida, a parte mais importante de um culto. Por isso, é preciso haver uma preocupação constante com a centralidade da pregação. A mensagem transmitida em um culto deve ter uma ligação direta com as músicas cantadas antes e depois dela;

ou seja, a mensagem não pode ser um elemento estranho dentro do culto e o culto não deve ser uma colcha de retalhos.

O pico de um culto bem organizado e planejado está na mensagem pregada. O culto contemporâneo inicia com o bloco do louvor e da adoração e vem num "crescendo" que culmina na mensagem. Esta, por sua vez, precisa ter uma teologia apropriada e capaz de levar os ouvintes a uma decisão, pois se o ouvinte não for levado a isso, a mensagem deixa de ser desafiadora e passa a ser apenas uma palestra, uma exposição.

9.3.1 Preparar a mensagem

Lembro-me de uma história que me foi contada certa vez (e quero crer que seja apenas uma parábola, não uma história verídica). Conta-se que um pregador costumava preparar os seus sermões dominicais "de joelhos" – não porque ele orava, mas porque, enquanto sua esposa dirigia o carro em direção à igreja, ele se colocava no banco do carona e esboçava rapidamente o seu sermão em cima dos joelhos. Os membros da igreja, insatisfeitos com as mensagens pregadas, acabaram por descobrir como e quando o pastor preparava seus sermões. Foi aí que a liderança da igreja tomou uma decisão. Eles chamaram o pastor e lhe comunicaram: "Pastor, nós decidimos que vamos alugar uma casa pastoral num bairro bem distante da igreja, porque entendemos que assim o senhor terá bem mais tempo para preparar os seus sermões".

Se a história é verídica ou não, não temos como comprovar. Mas o que podemos assegurar é que há muitos pastores que não se prepararam adequadamente para o momento da mensagem. Muitos deles não levam em conta que o momento da pregação é o horário nobre que tem com sua congregação. Assim como as emissoras de televisão têm o seu horário nobre, que é o momento em que a

O culto contemporâneo

221

maioria das pessoas está diante da televisão, o pastor também tem o seu horário nobre, e ele precisa saber aproveitar esse momento da melhor maneira.

Eu sou um pastor local e sei exatamente o meu horário nobre semanal. Aos domingos pela manhã, nosso culto começa às 10h 45min, e eu sei que em torno das 11h 15min tomarei a palavra para pregar e preciso fazer um bom uso desse horário em respeito a Deus e aos que dedicam esse tempo para me ouvir. No culto da noite, que começa às 19 horas, eu sei que por volta de 19h 40min terei o horário nobre disponível – e também preciso fazer bom uso dele. É por isso que, pessoalmente, dedico entre 8 a 10 horas semanais no preparo da mensagem, pois sei que ela é o ponto culminante do culto contemporâneo.

O reverendo Mauro Clementino da Silva[3], **pastor da Terceira Igreja Batista em Campo Grande (MS)**, faz a seguinte observação a respeito da pregação:

> *A mensagem pregada deve ser o ponto de equilíbrio entre o que o povo expressou a Deus e agora o que Deus está a falar ao seu povo através da exposição da Sua Palavra. Ele deve corrigir, arrancar, destruir, derrubar, cortar, explodir, como também aplainar, plantar, construir, edificar, recomendar, consolar, confortar, aliviar.* (Silva, 1996, p. 118)

---

3 **Mauro Clementino da Silva** é pastor titular da Terceira Igreja Batista de Campo Grande (MS). Ele também foi pastor na Igreja Batista na Alameda Princesa Isabel (Curitiba), a Igreja Batista Belo Horizonte (em Campo Grande) e a Igreja Batista Jardim Tarumã (também em Campo Grande) e atuou como missionário itinerante na Grã-Bretanha. É bacharel em Teologia pelo Seminário Teológico Batista do Sul do Brasil, no Rio de Janeiro, licenciado em Educação Plena pelas Faculdades Unidas Católicas de Mato Grosso (FUCMT), em Campo Grande, e pós-graduado em Novo Testamento e em Teologia e Escatologia pelo Spurgeon's College, em Londres (Inglaterra).

Esse entendimento leva-nos a compreender que o pastor pregador exerce duas funções muito específicas e particulares: a de **sacerdote** e a de **profeta**. *Sacerdote* no sentido de transmitir às pessoas a Palavra de Deus e de ser a voz divina para as pessoas; *profeta* no sentido de dizer ao povo o que Deus deseja que ele corrija em suas atitudes e comportamentos.

9.4 O cuidado com o evangelismo

Evangelizar as pessoas de nosso tempo exige uma **nova mentalidade de evangelismo**. Não dá para evangelizar as pessoas da mesma forma que as gerações anteriores foram evangelizadas. Outro dia, ouvimos alguém dizer que não se fazem mais pastores como antigamente. Que bom, pois as pessoas de hoje não são como as pessoas de antigamente.

Na atualidade, para que tenhamos êxito no evangelismo, é necessário adotar novas posturas, capazes de alcançar o coração das pessoas. A seguir, analisaremos a necessidade de se falar mais do Reino e de como podemos explicar às pessoas como se pode viver o Reino de Deus em nossos dias e cooperar para a sua expansão.

9.4.1 Falar mais do Reino

Infelizmente, é raro ouvir uma pessoa falar do Reino de Deus em uma mensagem evangelística. Geralmente, o pregador fala a respeito do pecado do ser humano, do perdão dos pecados por intermédio de Cristo Jesus e da salvação após a morte.

Dificilmente vemos alguém evangelizar dizendo que o Reino está acessível **aqui e agora**, e que é possível participar dele por

O culto contemporâneo

meio de Jesus. É muito difícil ouvir alguém evangelizar dizendo que o Reino deve vir até nós e que a vontade de Deus deve ser feita tanto na Terra como no Céu.

9.4.2 Falar da vida no Reino

Os cultos contemporâneos deveriam fazer mais o que Dallas Albert Willard[4] orienta. Ele diz que o nosso ensino e a nossa pregação não devem estar focados no gerenciamento do pecado, mas na vida do Reino. Esta, por sua vez, deve levar as pessoas a se tornarem discípulas de Jesus e, consequentemente, aprenderem a viver como ele viveu (Willard, 1998).

Nesse sentido, nossos cultos devem produzir cristãos e não consumidores, os quais querem apenas entrar no céu após a morte. Precisamos entrar num ciclo de reprodução capaz de fazer com que as pessoas se tornem cristãs e se voltem para Deus (Willard, 2008).

9.4.3 Falar sobre a cooperação no Reino

O culto é uma excelente oportunidade para enfatizar o **ponto central do evangelho** – e é aqui que há uma disparidade entre o que a igreja moderna pregava e o que a igreja contemporânea precisa

....

4   **Dallas Albert Willard** nasceu em Saint Louis, Missouri (EUA), em 1935 e faleceu em Pasadena, Califórnia, em 2013. Willard foi um importante filósofo americano, também conhecido por seus escritos sobre a formação espiritual cristã. Muito de seu trabalho na filosofia estava relacionado com a fenomenologia. Era professor de longa data da cátedra de Filosofia da Universidade do Sul da Califórnia, onde ensinou de 1965 a 2013. Ele também lecionou na Universidade de Wisconsin-Madison. Willard acreditava que a passividade da igreja era um problema generalizado e que ser um aprendiz de Jesus implicava em envolver-se nas atividades que pudessem se avultar no fruto do espírito.

pregar. Segundo o escritor Dan Kimball, o ponto central do evangelismo da igreja moderna era dizer que Jesus Cristo morreu pelos pecados da humanidade, para que o homem pudesse ir para o Céu após a morte (Kimball, 2008, p. 252).

Já o desafio da igreja contemporânea é o de enfatizar não apenas que Cristo morreu pelos nossos pecados, mas que ele também nos chama **para sermos cooperadores** remidos na obra que Deus está fazendo neste mundo. Isso não tira a importância de que o cristão irá para o Céu quando morrer, mas lhe dá a responsabilidade de fazer a sua parte no Reino desde já.

9.5 O cuidado com a abordagem

A abordagem em um culto deve priorizar a proximidade e a compaixão entre as pessoas. O professor Jorge Henrique Barro lembra que, na história dos dez leprosos, que consta no Capítulo 17 do livro de Lucas, é perceptível que eles "ficaram ao longe" (Barro, 2006).

Nesse sentido, é possível que, em nossas igrejas, existam muitas pessoas que participam dos cultos e se sintam excluídas. Essas pessoas estão, ainda que em silêncio, realizando uma espécie de grito dos excluídos, pedindo por compaixão.

É por isso que a abordagem eclesial precisa desafiar as pessoas a trazerem os excluídos para perto – tanto os excluídos "de fora" quanto os excluídos "de dentro". É preciso compreender o que faz com que tantas pessoas estejam longe do círculo eclesial, mas também é necessário desafiar a igreja a dar um passo de aproximação.

Essa aproximação se inicia com a abordagem feita no culto. A linguagem e a forma de comunicar essa aproximação precisa partir do púlpito, principalmente por aqueles que ministram ao povo.

O culto contemporâneo

Quanto mais clara for a abordagem, no sentido de uma aproximação com os excluídos, possivelmente mais excluídos se aproximarão.

9.6 Culto contemporâneo *versus* pentecostalização do culto

Existem alguns líderes que, na ansiedade de alcançar as pessoas a todo custo, **confundem a contemporaneização com a pentecostalização.** Isso geralmente ocorre porque grande parte das igrejas pentecostais têm alcançado mais pessoas do que as não pentecostais.

É possível que, em nossas igrejas, existam muitas pessoas que participam dos cultos e se sintam excluídas. Essas pessoas estão, ainda que em silêncio, realizando uma espécie de grito dos excluídos, pedindo por compaixão.

Por conta disso, é comum vermos pastores e líderes eclesiásticos que querem tornar a sua igreja mais contemporânea para alcançar um número maior de pessoas. O problema é que, às vezes, em vez de *contemporaneizarem* a igreja, eles acabam a *pentecostalizando*.

Não somos contra o fenômeno da pentecostalização, absolutamente. O que queremos dizer é que *contemporaneizar* não é *pentecostalizar*. **Contemporaneizar** é fazer uma igreja mais acessível às pessoas de nosso tempo, e isso implica pensarmos, todos os dias, as nossas formas de atuação, sejam elas litúrgicas, sejam relacionadas ao evangelismo e ao cuidado pastoral.

Assim, finalizamos esta obra na esperança de que possamos – a cada dia que passa e à luz das transformações de nossos contextos globais e locais – repensar todo o tempo os desafios necessários a uma igreja contemporânea e relevante. Nossa expectativa é de que esta obra não seja um ponto de chegada, mas um ponto de partida rumo a novas concepções que venham a contribuir com a expansão da Igreja de Cristo.

Síntese

A contemporaneização do culto é uma grande questão a ser pensada na atualidade, e é por isso que a igreja evangélica brasileira precisa se dedicar, de uma forma geral, a fazer uma revolução eclesiológica. Isso significa abandonar um culto "fora de moda", abraçando um culto contemporâneo.

O culto que alcança o coração das pessoas é aquele que tem simplicidade e espiritualidade. Não é muito longo, mas, apesar disso, consegue realizar tudo o que é preciso num espaço de, em média, uma hora e meia.

Para que um culto seja considerado bíblico e contemporâneo, ele precisa ter um momento bem definido de adoração e exaltação a Deus, uma mensagem bíblica desafiadora e um ambiente que permita ao auditório se sentir confortável, e não preocupado com questões externas ao culto.

Indicações culturais

MUDANÇA de hábito. Direção: Emile Ardolino. EUA: Buena Vista Pictures, 1992. 100 min.

MUDANÇA de hábito 2. Direção: Bill Duke. EUA: Buena Vista Pictures, 1993. 107 min.

Esses dois filmes trazem à tona alguns paradigmas relacionados à música na igreja.

PAIVA, F. O "culto" contemporâneo genuíno. 2012. Disponível em: <http://novomanifestoreformado.blogspot.com.br/2012/08/o-culto-contemporaneo-e-o-genuino-culto.html>. Acesso em: 3 abr. 2016.

Esse artigo pode auxiliar o leitor a entender melhor os paradigmas do culto contemporâneo.

Atividades de autoavaliação

1. Marque a alternativa correta:
   a) A igreja evangélica brasileira poderá alcançar as próximas gerações se ela se dedicar a atender às necessidades desse público.
   b) Para alcançar pessoas, não é necessário realizar mudanças no culto de tempos em tempos.
   c) O culto deve necessariamente agradar aos líderes da igreja ou à equipe pastoral.
   d) O culto deve ser agradável aos fundadores da igreja local.

2. Marque a alternativa correta:
   a) Se o culto serve para agradar a Deus, pouco importa como ele será realizado.
   b) O culto deve ser prestado a Deus, mas as pessoas que prestam o culto precisam se sentir à vontade ao fazê-lo.
   c) Líderes cristãos não precisam se preocupar com o planejamento de um culto, pois devem deixar que as coisas fluam de forma espontânea.
   d) A contemporaneização do culto é uma questão teologicamente incorreta e inapropriada à luz da Bíblia.

3. Assinale a alternativa correta:
   a) A igreja precisa fazer uma opção: ou ela se preocupa com a música ou ela se preocupa com a mensagem bíblica.
   b) O sucesso de uma igreja contemporânea passa pela questão do culto, pois o culto é o cartão de visitas de uma igreja.
   c) Uma igreja contemporânea não precisa se preocupar com um culto equilibrado, saudável e contemporâneo.
   d) O culto que alcança o coração das pessoas não pode ser um culto dotado de simplicidade e espiritualidade.

4. Assinale a alternativa correta:
   a) Não é necessário que o momento musical tenha uma relação direta com a mensagem que será pregada.
   b) A música ajuda as pessoas a exaltar a Deus, a entrar em sua presença e a entregar a Ele o controle do culto.
   c) O momento musical deve evidenciar a presença do pregador.
   d) O estilo musical a ser utilizado na igreja deve estar relacionado ao seu costume tradicional.

5. Assinale a alternativa correta:
   a) Estilos musicais populares não devem ser usados para glorificar a Deus.
   b) O pastor contemporâneo não precisa ter uma visão *macro*, mas saber das coisas que lhe dizem respeito.
   c) É recomendável que o pastor e os líderes principais da igreja conheçam, pelo menos, um pouco de música.
   d) O pastor de uma igreja não precisa entender nada da área musical, pois uma coisa não tem nada a ver com a outra.

O culto contemporâneo

Atividades de aprendizagem

Questões para reflexão

1. Elabore um texto que resuma as principais preocupações que uma igreja deve ter para que seu culto seja considerado contemporâneo.

2. Na sua opinião, qual é o maior paradigma que a igreja contemporânea precisa quebrar em relação ao culto?

Atividade aplicada: prática

Assista a um culto em uma igreja evangélica e anote as músicas cantadas e o conteúdo do sermão. Depois, dê sua opinião sobre a relação entre o conteúdo das músicas cantadas e o conteúdo da mensagem pregada.

considerações finais

Conceitualmente falando, a eclesiologia contemporânea é repleta de nuances e detalhes oriundos dos mais diferentes contextos eclesiais espalhados pelo Brasil. Do mesmo modo, definir o significado da igreja evangélica do século XXI é uma tarefa igualmente difícil, dada a tamanha diferença existente entres os diversos e variados tipos, formas e estilos de igreja existentes na atualidade.

O que podemos concluir é que a eclesiologia contemporânea tem sido fortemente influenciada pela cultura modernista e, mais recentemente, pelo pensamento pós-modernista. Parece plausível que se entenda como *igreja brasileira* aquela que, sendo fortemente influenciada pela modernidade, está sempre acompanhando o compasso da contemporaneidade. É notável que a igreja evangélica brasileira tem recebido, ao longo dos anos, forte influência da igreja americana. Ademais, a igreja evangélica brasileira é praticamente uma igreja urbana, pois o crescimento dos evangélicos nas cidades tem sido um fenômeno claramente observável, tendo em vista que a maioria deles se encontra em centros urbanos.

Um dos grandes destaques da igreja contemporânea é o desenvolvimento do que chamamos, hoje, de *igreja missional*, também conhecida por alguns como *o novo calvinismo*. A proposta dessa igreja é expandir o Reino de Deus aos povos, e seu ponto central é ser e fazer discípulos de Jesus Cristo em uma comunidade autêntica para o bem da humanidade. Sustentada por uma teologia reformada, caracteriza-se pelo jeito simples de ser e pela valorização do conjunto de membros com a entrada de pessoas que não estão necessariamente acostumadas ao ambiente eclesiástico.

Outra grande descoberta na eclesiologia contemporânea é a igreja emergente ou *emerging church*. Esta tem sido uma nova tendência eclesiológica que, nos últimos anos, vem ganhando cada vez mais espaço no meio protestante. Na ótica emergente, a Igreja primitiva estava atenta aos desafios culturais de seu tempo e atendia perfeitamente a eles. Assim, a igreja emergente é vista como fruto do impacto da pós-modernidade no mundo atual e visa desafiar os cristãos a abraçar uma nova cultura eclesiológica, capaz de atender às necessidades contemporâneas e combater o jeito tradicional de ser igreja.

Ademais, a igreja orgânica também tem lugar de destaque no ambiente cristão contemporâneo. Entre as suas preocupações está a valorização das reuniões nos lares – ainda que nem toda igreja que se reúna em lares possa ser considerada uma igreja orgânica. Esta, por sua vez, tem por objetivo ajudar as pessoas que possuem em seus corações o desejo de participar de uma igreja com características neotestamentárias, como nos tempos do primeiro século.

Entre os modelos contemporâneos de igreja desenvolvidos no Brasil, merecem destaque as igrejas *multi-site*: comunidades locais que se reúnem em múltiplos lugares. Elas têm uma mesma diretoria, um mesmo *staff* pastoral, um mesmo orçamento e uma mesma missão, podendo reunir-se em diferentes salas dentro de um mesmo *campus*, como também congregar em diferentes locais na mesma região, embora haja casos de igrejas *multi-sites* que conseguem se reunir em diferentes estados ou mesmo em diferentes países.

A variedade de modelos eclesiológicos atuais nos indica que a igreja tem sobre si enormes desafios, já que as pessoas vivem buscando opções nas quais possam melhor se adaptar e servir. Nesse contexto, a igreja local tem a tarefa de identificar os seus próprios pontos fortes e as suas áreas mais deficitárias, para que venha a alcançar o maior número possível de pessoas.

A tarefa de alcançar as pessoas de uma sociedade implica, muitas vezes, uma mudança de pensamento e de comportamento da igreja. É por isso que o sistema operacional de uma igreja precisa ser regularmente discutido e atualizado.

O grande desafio da igreja contemporânea é fornecer às pessoas as respostas mais comuns de seu tempo, bem como alcançar os desigrejados. Isso tudo também exige um investimento cada vez maior na questão do culto celebrado pela igreja. Nesse sentido, a contemporaneização do culto é uma grande questão a ser pensada. É por isso que a igreja evangélica brasileira precisa se dedicar, de forma geral, a fazer uma revolução eclesiológica – e isso significa abandonar um culto "fora de moda" e investir em um culto contemporâneo.

referências

AGRESTE DA SILVA, R. **Igreja? Tô fora!** Santa Bárbara d'Oeste: Socep Ultimato, 2007.

ALLEN, D. **Christian Belief in a Postmodern World**: the Full Wealth of Conviction. Louisville: John Knox Press, 1989.

AMORESE, R. M. **Icabode**: da mente de Cristo à consciência moderna. Viçosa: Ultimato, 1998.

BARRO, J. H. **De cidade em cidade**: elementos para uma teologia bíblica de missão urbana em Lucas-Atos. Londrina: Descoberta, 2006.

____. **O pastor urbano**: dez desafios práticos para um ministério urbano bem-sucedido. Londrina: Descoberta, 2003.

BELL, R. **Repintando a igreja**: uma visão contemporânea. São Paulo: Vida, 2008.

BÍBLIA. Português. **Bíblia de Estudo NVI**: nova versão internacional. São Paulo: Vida, 2000.

BÍBLIA. Português. **Bíblia de Jerusalém**. São Paulo: Paulus, 2002.

BUCKINGHAM, M.; CLIFTON, D. O. **Descubra seus pontos fortes**. Rio de Janeiro: Sextante, 2008.

CAMPANHÃ, J. **Grandes igrejas, pequenos líderes**. São Paulo: Hagnos, 2011.

CARSON, D. A. **Becoming Conversant with the Emerging Church**: Unterstanding a Movement and its Implications. Grand Rapids, MI: Zondervan, 2005.

____. **Igreja emergente**: o movimento e suas implicações. Tradução de Marisa K. A. de Siqueira Lopes. São Paulo: Vida Nova, 2010.

CAVALLERA, R. Teólogo anuncia o "fim das denominações". 10 fev. 2011. **Gnotícias.com.br**. Mundo Cristão. Disponível em: <http://noticias.gospelmais.com.br/teologo-acontecendo-anuncia-fim-denominacoes-16303.html>. Acesso em: 3 abr. 2016.

CLEGG, T.; BIRD, W. **Lost in America**: How You and Your Church Can Impact the World Next Door. Loveland: Group Publishing, 2001.

COELHO FILHO, I. G. **Como se comporta a sociedade e o crente pós-moderno**. 7 jul. 2012. Disponível em: <http://www.bibliapage.com/moderno.html>. Acesso em: 3 abr. 2016.

COLE, N. D. **Igreja orgânica**: plantando a fé onde a vida acontece. São Paulo: Habacuc, 2007.

COMISKEY, J. **Reuniões atraentes**: como conduzir encontros de grupos pequenos/células que estimulam o retorno das pessoas. Curitiba: Ministério Igreja em Células, 2008.

COSTA, J. **Missional**: uma jornada da devoção à missão. Niterói: Interferência, 2012.

DANIEL, S. **História da Convenção Geral das Assembleias de Deus no Brasil**. Rio de Janeiro: CPAD, 2004.

DOUGLAS, G. D. (Org.). **Proclaim Christ until He Comes**. Minneapolis: World Wide Publications, 1990.

ENGEN, C. V.; TIERSMA, J. **God so Loves the City**: Seeking a Theology for Urban Mission. Monrovia: Marc, 1997.

FARIAS, F. **Igrejas missionais e o desafio eclesiástico**. jun. 2011. Disponível em: <http://veritasreformata.blogspot.com.br/2011/06/ igrejas-missionais-e-o-desafio.html>. Acesso em: 3 abr. 2016.

FERNANDES, H. C. Grande Comissão ou grande omissão? **Hermes C. Fernandes**: Sem pacotes fechados. 23 jul. 2010. Disponível em: <http://www.hermesfernandes.com/2010/07/grande-comissao-ou-grande-omissao.html>. Acesso em: 17 maio 2016.

FERNANDES, R. O. L. **Movimento pentecostal, Assembleia de Deus e o estabelecimento da educação formal**. 158 f. Dissertação (Mestrado em Educação) – Universidade Metodista de Piracicaba, Piracicaba, 2006. Disponível em: <https://www.unimep.br/phpg/ bibdig/pdfs/2006/ALFTDYXGHISV.pdf>. Acesso em: 3 abr. 2016.

GELDER, C. V. Postmodernism as an Emerging Worldview. **Calvin Theological Journal**, n. 26, p. 412-413, 1991.

GERTZ, R. E. Os luteranos no Brasil. **Revista de História Regional**, Ponta Grossa, vol. 6, n. 2, p. 9-34, jun./ago. 2001. Disponível em: <http://revistas2.uepg.br/index.php/rhr/article/ viewFile/2129/1610>. Acesso em: 3 abr. 2016.

GOHEEN, M. W. **A igreja missional na Bíblia**: luz para as nações. São Paulo: Vida Nova, 2014.

GRENZ, S. J. **Pós-modernismo**: um guia para entender a filosofia do nosso tempo. São Paulo: Vida Nova, 2008.

GUINNESS, O. Cuidado con la Boa! In: NEIGHBOUR, R. W. (Org.). **La iglesia del futuro**. El Paso: Casa Bautista de Publicaciones, 1983. p. 56-83.

HIRSCH, A. **Caminhos esquecidos**: reativando a igreja missional. Curitiba: Esperança, 2015.

IGREJA APOSTÓLICA RENASCER. **A história da igreja**: a igreja. Disponível em: <http://renasceremcristo.com.br/renascer/#. VzXWZfkrLb1>. Acesso em: 13 maio 2016.

IGREJA MUNDIAL DO PODER DE DEUS. **História da igreja**: institucional. 16 dez. 2015. Disponível em: <https://www.impd.org.br/institucional>. Acesso em 13 maio 2016.

IGREJA PRESBITERIANA CONSERVADORA DO BRASIL. **Quem somos**. Disponível em: <http://ipcb.org.br/site/index.php/quem-somos>. Acesso em: 12 maio 2016.

IGREJA SARA NOSSA TERRA. Disponível em: <http://saranossaterra.com.br/historia-da-sara/>. Acesso em: 3 abr. 2016.

JOHN Piper: a igreja emergente. Los Angeles, 28 fev. 2010. Disponível em: <https://www.youtube.com/watch?v=-Znky32IaGE>. Acesso em: 3 abr. 2016.

JOINER, R. **Pense laranja**: imagine o que acontece quando a igreja e as famílias se unem. Pompeia: Universidade da Família, 2012.

KELLER, T. **Igreja centrada**: desenvolvendo em sua cidade um ministério equilibrado e centrado no evangelho. São Paulo: Vida Nova, 2014.

KICKOFEL, O. **Notas para uma história da Igreja Episcopal Anglicana do Brasil**. Porto Alegre: IEAB, 1995.

KIMBALL, D. **A igreja emergente**: cristianismo clássico para as novas gerações. São Paulo: Vida, 2008.

KRAFT, L.; KRAFT, E. **Espiando a terra**: como entender sua cidade. São Paulo: Sepal, 1995.

LEEMAN, J. O Deus do evangelho missional não é um Deus muito pequeno? **Ministério Fiel**, 17 fev. 2010. Disponível em: <http://www.ministeriofiel.com.br/artigos/detalhes/348>. Acesso em: 3 abr. 2016.

MARIANO, R. **Neopentecostais**: sociologia do novo pentecostalismo no Brasil. São Paulo: Loyola, 2005.

MARTINS, J. G. **Manual do pastor e da igreja**. Curitiba: A. D. Santos, 2012.

MATOS, A. S. de. **Os pioneiros presbiterianos do Brasil**: 1859-1900. São Paulo: Cultura Cristã, 2004.

McGAVRAN, D. **Compreendendo o crescimento da igreja**. São Paulo: Sepal, 2010.

McLAREN, B. D. **A igreja do outro lado**. Brasília: Palavra, 2008.

____. **Uma ortodoxia generosa**: a igreja em tempos de pós-modernidade. Brasília: Palavra, 2007.

McMANUS, E. R. **Uma força em movimento**: a espiritualidade que transforma a cultura. São Paulo: Garimpo Editorial, 2009.

McNEAL, R. **Missional Renaissance**. San Francisco: Jossey-Bass, 2009.

MENDONÇA, A. G. **Protestantes, pentecostais & ecumênicos**: o campo religioso e seus personagens. São Bernardo do Campo: Umesp, 2008.

NEIGHBOUR JUNIOR, R. W. **Unidades básicas do Corpo de Cristo**: vivendo a presença, o poder e os propósitos de Deus em comunidades bíblicas. Curitiba: Ministério Igreja em Células no Brasil, 2009.

NOZIMA, H. Novo Calvinismo: uma onda que (ainda) não apagou. **Reforma e carisma**. 12 mar. 2011. Disponível em: <https://reformaecarisma.wordpress.com/category/eclesiologia/>. Acesso em: 16 maio 2016.

OLIVEIRA, R. H. A igreja local em diversos locais – "multi-site church": alternativa inovadora para o crescimento de igrejas locais ou neodenominacionalismo? **Revista Theos**, Campinas, v. 8, n. 2, dez. 2013. Disponível em: <http://www.revistatheos.com.br/Artigos/2013_12/5_A_igreja_local_em_diversos_locais_Rogerio.pdf>. Acesso em: 3 abr. 2016.

PAES, C. M. **Igrejas que prevalecem**. São Paulo: Vida, 2003.

PEREIRA, E. C. **As origens da Igreja Presbiteriana Independente do Brasil**. São Paulo: Almeida, 1965.

PEREIRA, J. R. **Breve história dos batistas**. Rio de Janeiro: Casa Publicadora Batista, 1979.

PORTO FILHO, M. da S. **Congregacionalismo brasileiro**: fundamentos históricos e doutrinários. Rio de Janeiro: UIECB, 1982.

PROENÇA, W. de L. **Magia, prosperidade e messianismo**: práticas, representações e leituras do neopentecostalismo brasileiro. Curitiba: Instituto Memória, 2009.

ROSA, J. O. **O Evangelho Quadrangular no Brasil**: fundação e expansão da Cruzada Nacional de Evangelização. Belo Horizonte: Betânia, 1978.

RYKEN, L. **Santos no mundo**: os puritanos como realmente eram. São José dos Campos: Fiel, 2013.

SALVADOR, J. G. **História do metodismo no Brasil**. Rio de Janeiro: Centro Editorial Metodista, 1982.

SANTOS, V. B. **Origem e institucionalização da Igreja Metodista Wesleyana**. 195 f. Dissertação (Mestrado em Educação) – Universidade Metodista de São Paulo, São Paulo, 2014. Disponível em: <http://ibict.metodista.br/tedeSimplificado/tde_busca/arquivo.php?codArquivo=3469>. Acesso em: 3 abr. 2016.

SAYÃO, L. **Caminhos e descaminhos da igreja brasileira no despertar do século XXI**. Rio de Janeiro, 2012. Palestra proferida na Conferência do Atos 29 Brasil. Disponível em: <https://www.youtube.com/watch?v=bmbiI1oJEQI>. Acesso em: 3 abr. 2016.

SCHWARZ, C. A. **O ABC do desenvolvimento natural da igreja**. Curitiba: Evangélica Esperança, 2001.

SILVA, L. **A igreja de casa em casa**. Piçarras: Casa Editora e Publicadora, 2009.

SILVA, M. C. da. **Cultos e panaceias**. Edição do autor. Curitiba: [s.n.], 1996.

SOUZA, A. C. de. **Pentecostalismo**: de onde vem, para onde vai? Um desafio às leituras contemporâneas da religiosidade brasileira. Viçosa: Ultimato, 2004.

STETZER, E. **Plantando igrejas missionais**: como plantar igrejas bíblicas, saudáveis e relevantes à cultura. São Paulo: Vida Nova, 2015.

SURRAT, G.; LIGON, G.; BIRD, W. **The Mult-Site Revolution**: Being One Church in Many Locations. Grand Rapids: Zondervan, 2006.

SWEDBERG, M. A. **Os distintivos dos batistas regulares**. São Paulo: Batista Regular, 2003.

TOGNINI, E.; ALMEIDA, S. L. de. **História dos batistas nacionais**. Brasília: Convenção Batista Nacional, 1993.

VIOLA, F. **Reimaginando a igreja**. Brasília: Palavra, 2009.

VIOLA, F.; BARNA, G. **Pagan Christiannity**. Ventura: Barna Books, 2008.

WARREN, R. **Uma igreja com propósitos**. São Paulo: Vida, 2008.

WHITE, E. G. **O desejado de todas as nações**. Curitiba: Casa Publicadora Brasileira, 2007.

WILLARD, D. A. **A conspiração divina**. São Paulo: Mundo Cristão, 2008.

_____. **The Divine Conspiracy**. San Francisco: Harper Collins, 1998.

WILLOW CREEK ASSOCIATION. **One Church, Multiple Locations**. Disponível em: <http://www.willowcreek.org/aboutwillow/one-church-multiple-locations>. Acesso em: 3 abr. 2016.

bibliografia comentada

AMORESE, R. M. **Icabode**: da mente de Cristo à consciência moderna. Viçosa: Ultimato, 1998.

O livro trata das três forças da modernidade e do efeito devastador sobre a igreja: a pluralização (o império das diferenças), a privatização (o império das indiferenças) e a secularização (o império dos sentidos). Obra altamente recomendada a estudantes de Teologia.

BARRO, J. H. **O pastor urbano**: dez desafios práticos para um ministério urbano bem-sucedido. Londrina: Descoberta, 2003.

O livro é composto por dez desafios práticos para um ministério eclesiástico urbano bem-sucedido. O autor explica que o maior fenômeno da história mundial, atualmente, é a urbanização. De acordo com ele, *ser pastor*, hoje, é muito diferente do que *ser pastor* ontem, já que muitos dos métodos e das estratégias pastorais daqueles que exercem o ministério pastoral no contexto urbano continuam sendo rurais.

A obra é um desafio ao discernimento e à compreensão do que significa ser um pastor em um ambiente eclesiástico urbano.

BELL, R. **Repintando a igreja**: uma visão contemporânea. São Paulo: Vida, 2008.

Nesse livro, o leitor é convidado a ver o quadro da igreja cristã que cada pessoa, em seu tempo e espaço, está pintando. Ele enfatiza que, como fizeram os primeiros cristãos, também devemos buscar o entendimento do alto para a nossa realidade. A obra tem um estilo claro e entusiasmado em suas propostas.

CARSON, D. A. **Igreja emergente**: o movimento e suas implicações. São Paulo: Vida Nova, 2010.

A obra é um contraponto às ideias defendidas pelos líderes do movimento emergente. É um livro escrito por um dos mais eruditos e respeitados autores de nossos dias e constitui uma importante avaliação sobre a igreja emergente.

GRENZ, S. J. **Pós-modernismo**: um guia para entender a filosofia do nosso tempo. São Paulo: Vida Nova, 2008.

Trata-se de uma excelente introdução ao tema da pós-modernidade. O autor explica não somente a pós-modernidade, mas sua antecessora, a modernidade. Trata sobre o fundamento da modernidade e explica que o pensamento pós-moderno difere fundamentalmente de seu antecessor porque contraria seus pressupostos básicos. Se os modernos acreditavam que havia uma realidade objetiva, a qual podia ser apreendida pela razão, os filósofos pós-modernos vieram com a argumentação de que a razão humana não faz mais do que interpretações do mundo com o qual se relaciona. O leitor dessa obra terá maior facilidade na compreensão dos modernismos e pós-modernismos presentes na igreja do século XXI.

KELLER, T. **Igreja centrada**: desenvolvendo em sua cidade um ministério equilibrado e centrado no evangelho. São Paulo: Vida Nova, 2014.

Esse é um estudo relevante sobre a centralidade do evangelho, a cidade e o movimento missional. A obra oferece percepções desafiadoras e levanta questões provocativas. Por meio da aplicação de doutrinas clássicas ao nosso tempo e contexto, o autor descreve, de forma concisa e direta, uma visão teológica para o ministério eclesiástico, organizada em torno de compromissos fundamentais. É uma obra densa, panorâmica, bem exemplificada, relevante e extremamente atual.

KIMBALL, D. **A igreja emergente**: cristianismo clássico para as novas gerações. São Paulo: Vida, 2008.

O livro apresenta modelos e fotos de reuniões de adoração de igrejas emergentes. Também é uma importante fonte de recursos direcionados à igreja emergente. O autor se preocupou em explicar como aplicar o livro às pessoas criativas, que pensam e sentem em termos da cultura pós-moderna. A obra é recomendada a pastores, líderes e quaisquer cristãos interessados no assunto, pois oferece um exame atraente e fácil de entender sobre uma cultura atual que se encontra em mutação, além de apresentar ideias voltadas ao novo tipo de igreja que está surgindo nesse meio. O livro também inclui comentários de expoentes da igreja, como Rick Warren, Brian D. McLaren, Howard Hendricks e outros.

MARTINS, J. G. **Manual do pastor e da igreja**. Curitiba: A. D. Santos, 2012.

Esse livro é um dos melhores e mais atualizados manuais de prática pastoral. Explica, de forma didática, praticamente tudo que um pastor ou líder eclesiástico precisa saber para iniciar, organizar, administrar e conduzir uma igreja nas áreas eclesiástica, litúrgica ou legal, oferecendo subsídios detalhados que são de extrema importância para o dia a dia de um líder eclesiástico. A linguagem é bastante clara e há boas exemplificações dos conceitos.

McMANUS, E. R. **Uma força em movimento**: a espiritualidade que transforma a cultura. São Paulo: Garimpo Editorial, 2009.

O autor, considerado um arquiteto cultural, aponta que a Igreja – não a instituição ou o prédio, mas o próprio Corpo de Cristo – é uma força divinamente criada e capacitada para transformar o mundo. No entanto, ela só pode cumprir efetivamente sua missão à medida que se engaja na comunidade, ousando sair da atrofia dos métodos para dar liberdade à criatividade com a qual foi agraciada pelo Criador. É essa igreja, que aceita todos os riscos para penetrar na cultura com sua mensagem maravilhosamente subversiva, que o autor expõe na obra. O livro não reúne as teorias de um acadêmico, de um pesquisador ou de um crítico, visto que foi escrito por um pastor de verdade, que serve nas trincheiras verdadeiras de uma igreja local dia após dia. Logo, ele entende o que é um ministério. É um livro para se ler com a mente aberta.

PROENÇA, W. de L. **Magia, prosperidade e messianismo**: práticas, representações e leituras do neopentecostalismo brasileiro. Curitiba: Instituto Memória, 2009.

O autor trata da leitura (ou das leituras) de propagandas religiosas feitas com base em interpretações mais ou menos autorizadas por elites intelectuais ou "políticas" em determinadas denominações. Constitui-se leitura imprescindível para quem deseja entender melhor as práticas e representações presentes no neopentecostalismo brasileiro.

SILVA, M. C. da. **Cultos e panaceias**. Edição do autor. Curitiba: [s.n.], 1996.

Esse livro apresenta conceitos que, certamente, ajudarão líderes, pastores, maestros, professores de seminários, membros de igrejas e comunidades cristãs, bem como estudantes de Teologia, a terem maior conscientização da importância do culto. A obra tem, acima de tudo, um caráter provocativo.

WARREN, R. **Uma igreja com propósitos**. São Paulo: Vida, 2008.

Esse clássico da literatura eclesiástica continua sendo um dos melhores e mais práticos guias sobre o crescimento da igreja. Com textos claros e instigantes, é uma referência para todos aqueles que são capazes de transpor o modelo temporal, percebendo nos fundamentos da obra e do homem os valores e os princípios eternos de toda e qualquer igreja que busca caminhar nos propósitos de Deus.

respostas

Capítulo 1

Atividades de autoavaliação

1. c
2. c
3. c
4. d
5. d

Atividades de aprendizagem

Questões para reflexão

1. Resposta pessoal.
2. Resposta pessoal.

Atividade aplicada: prática

Resposta pessoal.

Capítulo 2

Atividades de autoavaliação

1. b
2. a
3. b
4. c
5. d

Atividades de aprendizagem

Questões para reflexão

1. Resposta pessoal.
2. A igreja evangélica tradicional é aquela composta por grupos como os luteranos, os batistas, os presbiterianos, os anglicanos e os metodistas.
3. A Igreja Puritana, também conhecida como *igreja neo-ortodoxa* ou *neopuritana*, diferencia-se dos tradicionais conservadores, dos evangelicais carismáticos e dos tradicionais por uma série de particularidades. Sua orientação é no sentido de buscar as ideias iniciais da Reforma e volta às práticas reformistas, revivendo os escritos de Calvino e John Knox.
4. A igreja pentecostal teve seu início com o advento do reavivamento ocorrido nos Estados Unidos da América, entre os anos de 1906 e 1910. Esse reavivamento se caracterizou por levar as pessoas a experiências como o "batismo no Espírito Santo", fato que não foi visto com bons olhos por boa parte da liderança das igrejas às quais essas pessoas pertenciam.
5. A igreja pós-protestante ou pós-evangélica busca oferecer uma espécie de "reforma da reforma", ou uma "reforma dos evangélicos", tendo em vista explicitar mais claramente as diferenças entre os mais diversos grupos cristãos existentes no Brasil.

Atividade aplicada: prática

Resposta pessoal.

Capítulo 3

Atividades de autoavaliação

1. c
2. c
3. c
4. d
5. d

Atividades de aprendizagem

Questões para reflexão

1. Resposta pessoal.
2. Resposta pessoal.

Atividade aplicada: prática

Resposta pessoal.

Capítulo 4

Atividades de autoavaliação

1. b
2. b
3. c
4. c
5. c

Atividades de aprendizagem

Questões para reflexão

1. Resposta pessoal.
2. Resposta pessoal.

Atividade aplicada: prática

Resposta pessoal.

Capítulo 5

Atividades de autoavaliação

1. c
2. c
3. d
4. d
5. a

Atividades de aprendizagem

Questões para reflexão

1. Resposta pessoal.
2. Resposta pessoal.
3. Resposta pessoal.

Atividade aplicada: prática

O foco da igreja orgânica está em ter Cristo Jesus corporativamente. A igreja não está preocupada em ter um prédio físico, tampouco está focada na frequência de seus membros aos cultos. As decisões são tomadas por poucas pessoas, pois o próprio ambiente caseiro não propicia que a igreja local seja muito grande (quando ela cresce, ela se multiplica). As decisões devem sempre ser tomadas em consenso e tanto os ordenados como o conselho de ministros participam do processo decisório. A liderança da igreja se constitui a partir do corpo.

Capítulo 6

Atividades de autoavaliação

1. d
2. d

3. d

4. a

5. a

Atividades de aprendizagem

Questões para reflexão

1. Resposta pessoal.

2. Resposta pessoal.

Atividade aplicada: prática

Resposta pessoal.

Capítulo 7

Atividades de autoavaliação

1. c

2. c

3. d

4. d

5. a

Atividades de aprendizagem

Questões para reflexão

1. Resposta pessoal.

2. Resposta pessoal.

Atividade aplicada: prática

Resposta pessoal.

Capítulo 8

Atividades de autoavaliação

1. a

2. b

3. c

4. d

5. a

Atividades de aprendizagem

Questões para reflexão

1. Resposta pessoal.

2. Resposta pessoal.

Atividade aplicada: prática

Resposta pessoal.

Capítulo 9

Atividades de autoavaliação

1. a

2. b

3. b

4. b

5. c

Atividades de aprendizagem

Questões para reflexão

1. Resposta pessoal.

2. Resposta pessoal.

Atividade aplicada: prática

Resposta pessoal.

sobre o autor

Josimaber Siqueira Rezende é bacharel e mestre em Teologia pelas Faculdades Batista do Paraná (Fabapar), bacharel em Administração de Empresas pelo Centro Universitário Campos de Andrade (Uniandrade) e graduado em Docência e em Liderança Avançada pelo Haggai Institute e pós-graduado em Liderança Pastoral pela Faculdade Teológica Sulamericana. É professor universitário, escritor e pastor fundador da Comunidade Batista de Curitiba.

Os papéis utilizados neste livro, certificados por instituições ambientais competentes, são recicláveis, provenientes de fontes renováveis e, portanto, um meio **respons**ável e natural de informação e conhecimento.

Impressão: Reproset
Agosto/2023